Gin Cocktails Buch

200 inspirierende Rezepte für jeden Anlass

Randall Burch

Vorwort

Willkommen in der Welt der Gin Cocktails! In diesem Buch haben wir für Sie eine Auswahl an köstlichen Gin Cocktailrezepten zusammengestellt, darunter sowohl klassische Mixgetränke als auch neue, kreative Kreationen. Wir haben darauf geachtet, dass für jeden Geschmack etwas dabei ist und haben auch eine Auswahl alkoholfreier Cocktails für diejenigen unter Ihnen, die auf Alkohol verzichten möchten oder können.

Gin ist ein vielfältiger und vielseitig einsetzbarer Wacholderschnaps, der in vielen verschiedenen Cocktails zum Einsatz kommen kann. Von erfrischenden Gin Tonic bis hin zu komplexen, aromatischen Longdrinks gibt es unzählige Möglichkeiten, wie man Gin in Cocktails einsetzen kann.

Wir hoffen, dass Sie viel Freude beim Ausprobieren unserer Rezepte haben und dass Sie neue, leckere Gin Cocktails entdecken, die Sie immer wieder gerne mixen werden.

Prost!

Inhalt

Gin 1

Getränke 3

    Gin Tonic/ Gin & tonic 4
    Gin Tonic Coffee 5
    Gin Sour 6
    Green Sour 7
    Hemingway Sour 8
    Gin & Juice 9
    Gin Basil Smash 10
    Gin Straweberry Smash 11
    Gin Buck 12
    Gin Daisy 13
    Gin Fizz 14
    Alabama Fizz 15
    Golden Fizz 16
    Sloe Gin Fizz 17
    Violet Fizz 18
    Wassermelonen Gin Fizz 19
    Gin Mule oder Gin Gin Mule 20
    Munich Mule 21
    Gin Orange 22
    Gin Rickey 23
    Gin Sunrise 24
    Gin Switchel 25
    Absinth Maracuja 26
    Absinth Kamikaze 27
    Alabama Slammer 28
    Angels Face / Angel Face / Angel`s Face 29
    Aperol Italian Sling 30
    Saigon Sling 31

Singapore Sling..32
Soho Sling..33
Auqa Velva..34
Aviation...35
Blue Lady..36
Bacardi Special..37
Bee`s Knees..38
Big Ben..39
Blackberry Peach Bramble...40
Blue Bird...41
Blue Diamond...42
Blue Monday...43
Blue Monday Tonic...44
Bombay Crushed..45
Bond`s Martini..46
Bramble...47
Bronx...48
Campari Flip..49
Caruso...50
Chicago Freestyle...51
Claridge...52
Clover Club...53
Coco Loco...54
Cranberry Cooler..55
Cranberry gin..56
Crema Gin...57
Cucumber Frog...58
Derby...59
Dirty Martini..60
Dry Martini..61
Gibson Martini..62
Hedgehog Martini..63
Perfect Martini..64
Smokey Martini / Smoky Martini..65

Sweet Martini	66
Earl Grey Marteani / Earl Grey Martini	67
Dolly	68
Drunken Lady	69
Electric Ice Tea	70
Long Island Iced Tea / Long Island Ice Tea	71
Electric Poison	72
Five O`Clock	73
Flying	74
Flying Dutchman	75
Fog Cutter	76
Samoan Fog Cutter	77
Francis	78
French 75	79
Genova	80
Gimlet	81
Gingerball	82
Green 43	83
Green Jade	84
Green Morning	85
Hawaiian Variante 1	86
Hawaiian Cocktail (oder: Variante 2)	87
Helicopter	88
Henderson Prime	89
Holy Bartender	90
Jack Cousteau	91
Joy of Love	92
Knock Out	93
Lady Killer	94
LadyLove	95
Last Word	96
Libertiny	97
Liquid Fire	98
Loco Kulau	99

London Fever..*100*
Louisiana..*101*
Lucky Grizzly..*102*
Manhattan (No. 2)..*103*
Milky Way..*104*
Million Dollar Cocktail..*105*
Mindlove..*106*
Moidel`s Flash...*107*
Negroni...*108*
Orange Blossom..*109*
Ouzo Laikada..*110*
Paradise..*111*
Pink Bubbles..*112*
Pink Gin Champagne...*113*
Pink Gin Erdbeer Crush...*114*
Pink Gin Spritz..*115*
Pink Lady...*116*
Pink Rose..*117*
Purple Haze...*118*
Red Gin..*119*
Red Hours..*120*
Red Passion...*121*
Red Snapper..*122*
Silver Jubilee..*123*
Summer Cooler...*124*
Sweet Dream...*125*
Tango..*126*
Tom Collins...*127*
Tropic Bitter..*128*
Tropic Campari...*129*
Tropical Red..*130*
Tropical Derby..*131*
Troublemaker..*132*
Vampire Variante 1..*133*

Vampire Variante 2..*134*
Vanity..*135*
Waikiki Beachcomber..*136*
Welcome Stranger...*137*
Wet Martina...*138*
White Lady...*139*

Alkoholfreie Cocktails...140

Regenbogen-Cocktail...*141*
Ipanema..*142*
Virgin Sunrise..*143*
Nojito..*144*
Mojito...*145*
Allegro..*146*
Moskito...*146*
Hugo..*147*
Mojito mit frischer Mango..*148*
Tonic mit Kirsche und Apfel -..*149*
Hagebutten-Cocktail..*150*
San Francisco...*151*
Tropical-Cocktail mit frischer Ananas..*152*
Waldmeister Cocktail..*153*
Green Cadillac...*154*
Sweet Frog..*155*
Multi Colada..*156*
Mango-Cocktail mit Holunder..*157*
Süßer Mango-Ingwer-Cocktail..*158*
Vampir Cocktail...*159*
Cocktail mit Kiwi...*160*
Chai Bubble Tea Latte...*161*
Booster-Cocktail mit Hagebutte...*162*
Beeren-Cocktail..*163*
Pina Colada..*164*
Cinderella...*165*

High Protein Smoothie Cocktail..166
Blaubeer-Bananen-Cocktail..167
Grüner Smoothie Cocktail...168
Erdbeer-Cocktail...169
Erdbeer-Cocktail mit Mandarine...170
Hugo-Bowle mit Erdbeeren...171
Flamingo-Cocktail..172
Hawaiianischer Lava Flow Cocktail..173
Fitness-Cocktail mit frischen Früchten.....................................174
Apfel-Cocktail mit Cranberrysaft..175
Happy-Cocktail mit Maracuja..176
Rio-Cocktail...177
Italien Nights Cocktail...178
Abendsonne..178
Soda-Cocktail für den Sommer...179
Cocktail mit Limette...180
Mango Lassi Cocktail...181
Blue Spirit Cocktail..182
Erdbeer Daiquiri Cocktail..183
Pink Blueberry Lemonade Cocktail..184
Himbeer-Cocktail mit Orangenblüten......................................185
Virgin Mango Colada...186
Zuckerfreier Beeren-Cocktail mit Wassermelone......................187
Crodino Ingwer Tonic..188

Backen..189

Gin Fizz Glasur..190
Gin tonic muffins...191
Gin Tonic Tiramisu..193
Gin tonic kekse...195
Gin tonic kuchen (Ohne Glasur)..197
Gin Tonic Eis...199

Kochen...201

Stachelbeer Marmelade mit Gin Tonic..202
Penne Mit Gin...203
Sommerpasta mit Gin..205
Kräuterbutter mit Gin...207
Gin BBQ Sauce...208
Konfitüre mit Gin..209
Frischkäse mit Gin..210
Selbstherstellung...211

Impressum..213

Gin

Der Gin hat seinen Ursprung im 17. Jahrhundert in der Niederlande, wo er als Heilmittel gegen diverse Beschwerden verkauft wurde. Der Name "Gin" leitet sich von dem französischen Wort "genièvre" ab, was so viel wie Wacholder bedeutet. Der Wacholder war eines der Hauptbestandteile des ursprünglichen Gins und verlieh ihm sein charakteristisches Aroma.

Im 18. Jahrhundert wurde der Gin vor allem in England sehr beliebt. In dieser Zeit wurde auch der London Dry Gin entwickelt, der heute noch sehr verbreitet ist. Der London Dry Gin ist ein hochprozentiger Gin, der aus Wacholder, Zitrusfrüchten und anderen botanischen Zutaten hergestellt wird. Er ist trocken und hat ein klares, frisches Aroma.

Im Laufe der Jahrhunderte wurde der Gin immer wieder verändert und weiterentwickelt, sodass es heute zahlreiche verschiedene Gin-Sorten gibt. Manche Gins werden mit mehr Wacholder hergestellt, andere mit weniger, manche sind süßer, andere trockener. Es gibt auch Gin-Sorten, die mit verschiedenen botanischen Zutaten angereichert werden, wie zum Beispiel Koriander, Angelikawurzel oder Rosenblüten.

Heutzutage wird Gin in vielen Teilen der Welt produziert und ist eine beliebte Spirituose für Cocktails. Er wird oft mit Tonic

Water oder anderen Mixgetränken gemischt und ist auch als Basis für viele Longdrinks geeignet. Der Gin Boom der letzten Jahre hat dazu geführt, dass es heute zahlreiche kleine, unabhängige Gin-Brennereien gibt, die experimentelle und innovative Gins herstellen.

Insgesamt hat der Gin eine lange und bewegte Geschichte, die bis in das 17. Jahrhundert zurückreicht. Er ist eine vielseitige Spirituose, die in vielen verschiedenen Cocktails zum Einsatz kommen kann und die heute auf der ganzen Welt beliebt ist.

Getränke

GIN TONIC/ GIN & TONIC

Der Gin Tonic ist wohl das bekannteste Getränk mit Gin. Es ist einfach zu mixen, geht schnell und benötigt auch nicht viele Zutaten. Vor allem für Anfänger beim Mixen sowie beim Trinken von Gin eignet sich dieses Rezept sehr gut.

Zutaten für 1 Glas:

Gin (Dry Gin eignet sich für einen Gin Tonic hervorragend)

Tonic Water

Eiswürfel

1 Gurken-, Orangen-, Limetten- oder Zitronenscheibe

Zubereitung:

1. Nehmen Sie sich ein Longdrink Glas und füllen es mit Eiswürfeln. Sie können sich selbst aussuchen, ob Sie es bis zum Rand füllen wollen oder nur wenige Stücke hineingeben.

2. Füllen Sie nun den Gin und das Tonic Water zusammen in das Glas auf die Eiswürfel. Hierdurch kühlt das Getränk schneller ab.

3. Zu guter Letzt können Sie das Getränk zum Beispiel mit einer Gurkenscheibe pimpen. Auch Scheiben der Orange, Limetten oder Zitronen eignen sich für ein leichtes Aroma.

Hinweis:

Zu Beginn werden Sie gemerkt haben, dass es für diesen Drink keine Mengenangaben gibt. Das Mischverhältnis sollten Sie nach Belieben selbst bestimmen. Vorzugsweise nimmt man eine 1 zu 1 Mischung.

GIN TONIC COFFEE

Irish Coffee nach dem Essen oder zum Wachwerden beim Feiern war gestern. Heute greift man immer öfter zum Gin Tonic Coffee. Das Mixen des Getränks ist fast so einfach wie beim Gin Tonic.

Zutaten für 1 Glas:

Gin (auch hier empfiehlt sich der Dry Gin)

Tonic Water

Cold Brew Coffee

Eiswürfel

¼ Zitrone

1 Kaffeebohne

Zubereitung:

1. Nehmen Sie sich ein Longdrink Glas und füllen es mit Eiswürfeln. Sie können sich selbst aussuchen, ob Sie es bis zum Rand füllen wollen oder nur wenige Stücke hineingeben.

2. Füllen Sie nun den Gin, den Cold Brew Coffee und das Tonic Water zusammen in das Glas auf die Eiswürfel. Hierdurch kühlt das Getränk schneller ab.

3. Schälen Sie die Zitrone und dekorieren sie die Schale auf einem Zahnstocher. Wahlweise können Sie auch eine Zitronenscheibe in Ihr Getränk geben.

4. Fügen Sie noch die Kaffeebohne hinzu.

Hinweis:

Auch hier gibt es keine Mengenangaben, da es vor allem auf Ihren eigenen Geschmack ankommt. Bevorzugt werden 2 cl Gin, 8 cl Tonic Water und 4 cl Cold Brew Coffee.

GIN SOUR

Der Gin Sour wird, wie der Name schon sagt, sauer getrunken. Hierzu nehmen Sie den Gin, den sie am liebsten mögen, und nutzen für den Zitronensaft am besten frisch gepresste Zitronen, um das Aroma nicht zu verfälschen.

Zutaten für 1 Glas:

5cl Gin

3cl Zitronensaft

2cl Zuckersirup

1 Schuss Soda

Des Weiteren benötigen Sie einen Shaker.

Zubereitung:

1. Geben Sie den Gin, den Zitronensaft und den Sirup in den Shaker und schütteln Sie das Gemisch

2. Das Gemisch in ein Glas füllen und ein wenig Soda hinzufügen

3. Am Schluss kann der Drink mit einer Zitronenscheibe dekoriert.

Hinweis:

Eiswürfel sind im Original nicht erwünscht, um den sauren Geschmack nicht zu verfälschen. Ein sehr ähnliches Rezept inklusive Eiswürfel folgt noch.

GREEN SOUR

Der Green Sour ist eine geschmackliche Abwandlung des Gin Sours. Dies ist ein Beispiel für etliche Möglichkeiten, wie Sie Ihren Gin Sour kreieren können. Lassen Sie Ihrer Fantasy und Ihrem Geschmack freien Lauf.

Zutaten für 1 Glas:

3 cl Gin

3 cl Waldmeistersurip

2 cl Zitronensaft

Crushed Ice

Wahlweise einen Schuss Soda

Des Weiteren benötigen Sie einen Shaker.

Zubereitung:

Die Zubereitung ist hier sehr einfach. Sie geben alles zusammen in den Shaker und schütteln das Getränk, bis es ein wenig milchig wird. Danach füllen Sie den Drink in ein Glas und genießen ihn.

Hinweis:

Den Green Sour können Sie als Vorlage für Ihre eigenen Kreationen verwenden. Tauschen Sie hierzu einfach den Waldmeistersirup mit einem Sirup Ihrer Wahl aus.

HEMINGWAY SOUR

Neben dem Gin Sour und seinen Variationen gibt es auch den Hemingway Sour. Hier wird nicht mit Sirup gearbeitet, sondern mit Grenadine.

Zutaten für 1 Glas:

4 cl Gin

3 cl Zitronensaft

2 cl Grenadine

Eiswürfel

Des Weiteren benötigen Sie einen Shaker.

Zubereitung:

Die Zubereitung ist mehr als einfach. Alles zusammen wird in einem Shaker gemixt und in ein Glas gefüllt.

Hinweis:

Es gibt auch beim Hemingway Sour verschiedene Variationen. Man kann ihn zum Beispiel mit Orangensaft auffüllen oder mit verschiedenen Früchten dekorieren. Erlaubt ist, was schmeckt.

GIN & JUICE

Der Gin & Juice gilt ebenfalls als Klassiker und ist in seiner Herstellung sehr einfach. Geschmacklich können Sie diesen Drink variieren, wie Sie möchten. Grundsätzlich gelten hierbei folgende Dinge.

Zutaten für 1 Glas:

4 cl Gin

10-12 cl Traubensaft

2 cl Soda (nach Geschmack)

1 cl frischer Zitrussaft (Limette oder Zitrone)

Außerdem benötigen Sie einen Rührstab.

Zubereitung:

1. Füllen Sie das Glas mit Eiswürfel und geben Sie die Flüssigkeiten darauf. Hierdurch kühlt das Getränk schneller ab.

2. Umrühren.

Das war`s schon.

Hinweis:

Sie können, je nach Geschmack, den Traubensaft durch jegliche anderen Säfte ersetzen. Soda ist nicht zwingend nötig, um einen echten Gin & Juice herzustellen.

GIN BASIL SMASH

Der Gin Basil Smash hieß früher noch Gin Pesto.

Zutaten für 1 Glas:

6 cl Gin

Einige Blätter Basilikum (je nach Intensität)

2 cl Zitronensaft (vorzugsweise frisch gepresst)

2 cl Zuckersirup

Eiswürfel

Außerdem benötigen Sie einen Shaker sowie einen Stößel. Des Weiteren ist ein Sieb erforderlich.

Zubereitung:

1. Zunächst geben Sie die Basilikumblätter mit dem Zuckersirup in den Shaker und vermischen dies mit dem Stößel.

2. Ist dies geschehen wird der Gin und der Zitronensaft hinzugegeben.

3. Füllen Sie ein Glas mit Eiswürfel und kippen Sie das Gemisch aus dem Shaker durch ein Sieb auf die Eiswürfel. Hierdurch kühlt das Getränk schneller ab.

GIN STRAWEBERRY SMASH

Der Gin Strawberry Smash hat logischerweise einen ganz anderen Geschmack als der Gin Basil Smash. Der Cocktail schmeckt ein wenig süßer und hat nichts mit dem Geschmack vom alten Gin Pesto gemein.

Zutaten für 1 Glas:

8 cl Gin

1 cl Limettensaft (vorzugsweise frisch gepresst)

1 cl Zuckersirup

4 Erdbeeren

Soda

Eiswürfel

Außerdem wird ein Shaker benötigt. Des Weiteren ist ein Sieb erforderlich.

Zubereitung:

1. Vermischen Sie den Gin, den Limettensaft und den Sirup mit Eiswürfeln in einem Shaker.

2. Füllen Sie ein Glas mit Eiswürfeln und drei Erdbeeren.

3. Geben Sie das Gemisch aus dem Shaker über das Sieb in das Glas.

4. Das Getränk wird mit Soda aufgefüllt.

5. Die letzte Erdbeere wird zur Dekoration genutzt.

GIN BUCK

Der Gin Buck ist ein kräftiger und gleichzeitig fruchtiger Drink.

Zutaten für 1 Glas:

50 ml Gin

10 ml Zitronensaft (wenn möglich frischgepresst)

100 ml Ginger Ale

Eiswürfel

Zubereitung:

1. Zu Beginn füllen Sie das Glas mit Eiswürfeln.

2. Im zweiten Schritt geben Sie Gin und Zitronensaft auf die Eiswürfel. Hierdurch kühlt das Getränk schneller ab.

3. Fügen Sie den Ginger Ale hinzu.

4. Umrühren, fertig!

Hinweis:

Sie können dem Getränk noch eine Zitronenscheibe hinzufügen. Dies wird am besten nach dem zweiten Schritt gemacht, um das leichte Aroma der Zitrone schmecken zu können.

GIN DAISY

Der Gin Daisy ähnelt dem Hemingway Sour sehr. Allerdings verleiht der Rohrzucker eine gewisse Süße. Zudem wird das Getränk liebevoll mit süßen Früchten dekoriert.

Zutaten für 1 Glas:

4 cl Gin

2 cl Zitronensaft (nach Möglichkeit frischgepresst)

1 cl Grenadine

1 TL Rohrzucker

Cocktailkirschen

Soda

Außerdem benötigen Sie einen Shaker.

Zubereitung:

Die Zubereitung ist überaus einfach, weshalb sich die Schritte nicht lohnen, aufzulisten. Denn: Sie geben alles bis auf die Kirschen und das Soda in den Shaker und mischen alles zusammen, bevor Sie es in ein Glas kippen. Wahlweise nach Geschmack können Sie nun Soda zufügen. Der Drink wird mit Cocktailkirschen dekoriert und schon ist der Gin Daisy fertig.

GIN FIZZ

Kommen wir zum Gin Fizz, der dem Gin Sour sehr ähnelt, wie bereits erwähnt. Die Unterschiede sind verschwindend gering und lassen sich letztendlich nur beim Trinken feststellen. Der Gin Fizz enthält mehr Soda als der Gin Sour, weshalb es durch die Kohlensäure mehr prickelt. Zudem werden bei diesem Rezept Eiswürfel hinzugegeben, weshalb der Gin Sour mehr nach dem gewählten Gin schmeckt als der Gin Fizz.

Zutaten für 1 Glas:

5 cl Gin

3 cl Zitronensaft (vorzugsweise frisch gepresst)

2 cl Zuckersirup

10 cl Soda

Eiswürfel

Des Weiteren benötigen Sie einen Shaker.

Zubereitung:

1. Geben Sie den Gin, den Zitronensaft, den Sirup und einige Eiswürfel in den Shaker und schütteln Sie das Gemisch

2. Das Gemisch in ein mit Eiswürfeln gefülltes Glas füllen und das Soda hinzufügen

3. Wahlweise dekorieren.

ALABAMA FIZZ

Den Alabama Fizz ist ein erfrischender mittel-süßer Drink.

Zutaten für 1 Glas:

2 cl Gin

1 cl Crème de Menthe (oder auch Pfefferminzlikör genannt)

1 cl Zitronensaft

1 cl Zuckersirup

Soda

Eiswürfel

Außerdem benötigen Sie einen Shaker.

Zubereitung:

1. Alle Zutaten außer dem Soda in den Shaker geben und schütteln.

2. Die Mischung in ein Glas geben und nach Geschmack mit frischkaltem Soda auffüllen.

3. Wahlweise dekorieren. Hier bieten sich Zitronenscheiben an.

GOLDEN FIZZ

Ein weiterer Fizz ist der Golden Fizz mit seinen raffinierten Zutaten.

Zutaten für 1 Glas:

4 cl Gin

2 cl Zitronensaft (vorzugsweise frisch gepresst)

2 TL Zucker (wahlweise 2 cl Zuckersirup)

1 Eigelb

Soda

Eiswürfel

Außerdem wird ein Shaker benötigt.

Zubereitung:

1. Geben Sie alles außer das Soda in den Shaker und schütteln es.
2. Füllen Sie das Gemisch in ein Glas um.
3. Füllen Sie das Getränk mit Soda auf.
4. Zurücklehnen und genießen.

SLOE GIN FIZZ

Der Sloe Gin Fizz ist durch den Mix von zwei Gin Sorten ein härterer Drink als der normale Gin Fizz.

Zutaten:

2 cl Sloe Gin

3 cl Gin (am besten eignet sich Dry Gin)

3 cl Zitronensaft (vorzugsweise frisch gepresst)

1 cl Zuckersirup

Eiswürfel

Soda

Zudem benötigen Sie einen Shaker.

Zubereitung:

1. Alles außer dem Soda in einem Shaker schütteln.
2. Ein Glas mit weiteren Eiswürfeln befüllen und den Mix hinzugeben.
3. Je nach Geschmack Soda ergänzen.
4. Zur Dekoration sind Zitronen oder Limetten passend.

VIOLET FIZZ

Hinter dem Violet Fizz versteckt sich ein besonderer Drink, den man nicht allzu oft zu Gesicht bekommt. Das Besondere an ihm ist das Veilchenaroma.

Zutaten für 1 Glas:

2 cl Gin

1 cl Crème de Violette

1-2 cl Zitronensaft (je nach Geschmack)

1 cl Zuckersirup

Soda

Eiswürfel

Weiterhin brauchen Sie einen Shaker.

Zubereitung:

1. Alle Zutaten außer Soda in den Shaker geben und schütteln.

2. Die Mischung in ein Glas geben und nach Geschmack mit frischkaltem Soda auffüllen.

3. Dekoration muss nicht sein. Eine lila Blüte passt dennoch hervorragend.

WASSERMELONEN GIN FIZZ

Der Wassermelonen Gin Fizz schmeckt nach Sommer.

Zutaten für 1 Glas:

40 ml Gin

1 Limette

190 Gramm Wassermelone (entkernt)

10 g Rohrzucker

60 ml Mineralwasser

Zudem brauchen Sie einen Pürierstab. Weiterhin wird ein Sieb benötigt.

Zubereitung:

1. Pressen Sie die Limette aus und schneiden Sie sie anschließen in Scheiben.

2. Stellen Sie die Melone vor der Zubereitung kalt. Holen Sie das Fruchtfleisch heraus und entkernen es. Dann wird die Melone püriert.

3. Geben Sie das Püree durch das Sieb in ein Glas und fügen Zucker, Limettensaft und den Gin hinzu.

4. Am Ende wird der Drink mit Mineralwasser aufgefüllt und ist trinkfertig.

Hinweis:

Sollte Ihnen die Melone nicht kalt genug sein, können sie Eiswürfel hinzugeben.

Dekoriert wird der Cocktail – wenn überhaupt – mit Minzblättern.

GIN MULE ODER GIN GIN MULE

Dieser Drink ist die Variante des wohl bekannteren Moscow Mule, wobei der Gin (Gin) Mule mit dem wacholderhaltigen Schnaps hergestellt wird.

Zutaten für 1 Glas:

5 cl Gin

6-8 Blätter Minze

2,5 cl Limettensaft (vorzugsweise frisch gepresst)

3 cl Zuckersirup

3 cl Ginger Beer

Eiswürfel

Außerdem brauchen Sie einen Shaker. Auch ein Sieb ist von Nöten.

Zubereitung:

1. Die Minze, den Limettensaft und den Zuckersirup in den Shaker füllen und dort zerstoßen, sodass die Minzblätter ihren Saft freigeben, und rühren.

2. Als nächstes geben Sie den Gin und einige Eiswürfel in den Shaker und schütteln das Gemisch.

3. Ein Glas mit frischen Eiswürfeln befüllen.

4. Durch das Sieb in das Glas schütten.

5. Im letzten Schritt füllen Sie das Glas mit dem Ginger Beer auf. Nach Geschmack können Sie selbst entscheiden, ob Ihnen die 3 cl reichen.

MUNICH MULE

Der Munich Mule war zunächst eine lokale Abwandlung des Gin Gin Mules. Mittlerweile ist der Munich Mule jedoch zumindest in Deutschland überall bekannt.

Zutaten für 1 Glas:

6 cl Gin

1/2 frische Limette

14 cl Ginger Beer

Eiswürfel

Gurke

Zubereitung:

Man könnte denken, dass die Zubereitung schwierig ist. Dem ist jedoch nicht so. Sie müssen lediglich die Limette pressen und alles zusammen in einen Becher geben. Die Gurke wird zur Dekoration genutzt.

GIN ORANGE

Der Gin Orange ist ein fruchtiger und einfach zuzubereitender Longdrink.

Zutaten für 1 Glas:

4 cl Gin

2 cl Orangensaft (vorzugsweise frisch gepresst)

Eiswürfel

1/2 Orange

Zudem wird ein Shaker benötigt. Außerdem brauchen Sie ein Sieb.

Zubereitung:

1. Geben Sie alles, bis auf die Orange, in den Shaker und schütteln das Gemisch.

2. Schütten Sie das Gemisch über ein Sieb in ein Glas.

3. Mit der Orange wird das Glas anschließend dekoriert.

Hinweis:

Eine kleine jedoch leckere Abwandlung des Gin Orange erzielen Sie, wenn Sie noch einen Schuss Sekt hinzufügen.

GIN RICKEY

Der Gin Rickey ist ein einfacher Drink, den man gerne zu einem formellen Abend reicht.

Zutaten für 1 Glas:

4 cl Gin

2 cl Limettensaft (vorzugsweise frisch gepresst)

1 cl Zuckersirup (falls gewünscht)

Soda

Eiswürfel

2 Limettenscheiben

Zubereitung:

1. Geben Sie zwei Eiswürfel in das Glas.

2. Mischen Sie den Gin und den Limettensaft in dem Glas auf die Eiswürfel zusammen. Hierdurch kühlt das Getränk schneller ab.

3. Falls der Zuckersirup gewünscht ist, füllen Sie diesen nun ebenfalls in das Glas und verrühren Sie das Gemisch.

4. Anschließen geben Sie noch die Limettenscheiben hinzu.

GIN SUNRISE

Der Gin Sunrise ist das Pendant zum Tequila Sunrise, schmeckt allerdings ein wenig herber.

Zutaten für 1 Glas:

6 cl Gin

10 cl Orangensaft (vorzugsweise frisch gepresst)

2 cl Grenadine

Ein paar Tropfen Zitronensaft (vorzugsweise aus einer frischen Zitrone)

Eiswürfel

Außerdem benötigen Sie einen Shaker.

Zubereitung:

1. Füllen Sie den Shaker mit Eiswürfeln, Orangensaft, dem Gin und ein paar Tropfen Zitronensaft und schütteln es.

2. In ein Glas füllen.

3. Den Grenadine am Ende vorsichtig hinzugeben.

GIN SWITCHEL

Der Switchel ist im Ursprung ein alkoholfreies Getränk. Er schmeckt allerdings auch mit Gin, weshalb der Gin Switchel mittlerweile ein bekanntes Getränk ist, was jedoch viele Zutaten hat und nicht ganz so einfach zum Mixen ist.

Zutaten für 1 Glas:

30 Gramm Ingwer, geschält **und geraspelt**

1 EL Ahornsirup

10 ml Apfelessig

Zitronensaft (frisch gepresst aus einer halben Zitrone)

20 ml Gin

50 ml Mineralwasser

Minze und Rosmarin

Eiswürfel

Zudem benötigen Sie ein Sieb.

Zubereitung:

1. Wasser aufkochen und den Ingwer dorthinein geben. Aufkochen und eine Weile ziehen lassen.

2. Den Ahornsirup, den Apfelessig und den Zitronensaft vermischen. Über ein Sieb das Ingwerwasser hinzufügen und kaltstellen. Somit ist der Switchel fertig.

3. Nachdem das Gemisch abgekühlt ist, werden Eiswürfel in ein Glas gefüllt. Nun werden der Gin und 60 ml des Switchels hineingefüllt und mit Mineralwasser aufgegossen.

4. Zur Deko eignen sich Minze oder Rosmarin.

ABSINTH MARACUJA

Bei dem Namen könnte man denken, dass sich in diesem Getränk kein Gin befinden. Weit gefehlt. Denn der Gin macht den Absinth Maracuja erst zu dem, was er ist. Zudem ist die Zubereitung wundervoll einfach.

Zutaten für 1 Glas:

4 cl Absinth

2 cl Dry Gin

10 cl Maracujanektar

Eiswürfel

Außerdem benötigen Sie ein Sieb.

Zubereitung:

1. Den Alkohol zusammen mit Eis in ein Glas geben und gut verrühren.

2. Ein weiteres Glas mit Eiswürfeln befüllen.

3. Das Gemisch über ein Sieb in das mit Eiswürfeln befüllte Glas geben. Hierdurch kühlt das Getränk schneller ab.

4. Den Nektar im Anschluss hinzugeben.

Hinweis:

Zur Dekoration eignen sich nicht nur Orangen oder eine Cocktailkirsche. Eine Kiwi ist farblich ebenso passend wie raffiniert.

ABSINTH KAMIKAZE

Dieser Cocktail wird mit sehr vielen verschiedenen alkoholhaltigen Getränken gemischt, weshalb der Absinth Kamikaze seinem Namen alle Ehre macht.

Zutaten für 1 Glas:

1 cl Absinth

1 cl Bourbon Whiskey

1 cl Cointreau

1 cl Gin

1 cl brauner Rum

1 cl Tequila

1 cl Wodka

1 cl Grenadine

Eiswürfel

Zudem wird ein Sieb benötigt.

Zubereitung:

1. Kühlen Sie ein leeres Glas bevor Sie anfangen.

2. Eiswürfel mit allen Sorten außer Absinth in ein Behältnis geben und kräftig rühren.

3. Über das Sieb wird der Mix in das vorgekühlte Glas geschüttet.

4. Absinth hinzugeben. Am besten langsam über die Innenseite des Glases hinzugeben.

5. Anzünden und kurz brennen lassen.

ACHTUNG: Die Flamme auf jeden Fall löschen, bevor Sie es trinken. Verbrennungsgefahr!

ALABAMA SLAMMER

Der Alabama Slammer ist ein würziges Getränk, das nach der Zubereitung sofort getrunken werden sollte.

Zutaten für 1 Glas:

2 cl Gin

3 cl Southern Comfort

4 cl Orangensaft (vorzugsweise frisch gepresst)

2 cl Amaretto

Eiswürfel

Zubereitung:

Die Zubereitung ist einfach. Füllen Sie ein Glas mit Eiswürfel und geben alle anderen Zutaten hinzu. Hierdurch kühlt das Getränk schneller ab. Kurz umrühren. Et Voila!

Hinweis:

Je nach Geschmack kann man dem Drink noch einen Schuss Wodka hinzufügen.

ANGELS FACE / ANGEL FACE / ANGEL`S FACE

Das Getränk Angels Face ist ein sehr einfacher gutschmeckender Drink.

Zutaten für 1 Glas:

2 cl Gin

2 cl Apricot Brandy

2 cl Calvados

Eiswürfel

1 Cocktailkirsche

Außerdem brauchen Sie einen Shaker.

Weiterhin benötigen ein Sieb.

Zubereitung:

1. Fügen Sie alles zusammen in den Shaker und mixen das Getränk ordentlich.

2. Schütten Sie das Gemisch durch ein Sieb in ein Glas.

3. Zur Dekoration eignen sich Cocktailkirschen.

APEROL ITALIAN SLING

Der Aperol Italian Sling ist eine Abwandlung des besser bekannten Singapur Slings, auf den ich folgend auch noch eingehe.

Zutaten für 1 Glas:

1 cl Zuckersirup

3 cl Aperol

3 cl Gin

2 cl Zitronensaft (vorzugsweise frisch gepresst)

1 cl Orangensaft (vorzugsweise frisch gepresst)

5 cl Soda

Eiswürfel

Zudem benötigen Sie einen Shaker.

Zubereitung:

1. Alle Zutaten außer den Eiswürfeln und dem Soda in einem Shaker gut schütteln.

2. Ein Glas mit Eiswürfeln füllen. Hierdurch kühlt das Getränk schneller ab.

3. Das Gemisch über die Eiswürfel schütten und anschließen Soda hinzugeben.

SAIGON SLING

Auch der Saigon Sling ist eine Abwandlung des Singapur Slings.

Zutaten für 1 Glas:

2 cl Gin

1 cl Cointreau

1 cl Maracujasirup

3 cl Ananassaft (vorzugsweise frisch gepresst)

4 cl Bitter Lemon

Eiswürfel

Limette

Zudem benötigen Sie einen Shaker.

Zubereitung:

1. Mischen Sie den Gin, den Cointreau, den Maracujasirup und den Ananassaft mit Eiswürfel im Shaker.

2. Schütteln Sie das Gemisch, bis sich etwas Schaum bildet.

3. Schütten Sie den Mix nun in ein mit Eiswürfeln gefülltes Glas. Hierdurch kühlt das Getränk schneller ab.

4. fügen Sie anschließend Bitter Lemon hinzu.

5. Umrühren.

6. Mit einer Limettenscheibe dekorieren.

SINGAPORE SLING

Der Singapore Sling ist ein legendärer Drink, der einst in Singapur erfunden wurde. Es gibt mittlerweile verschiedene Varianten des Singapur Slings, weshalb andere Rezepte ihren Schwerpunkt eventuell anders legen als ich. Untenstehend finden Sie mein Lieblingsrezept des exotischen Getränks.

Zutaten für 1 Glas:

3 cl Gin

2 cl Cherry Brandy

1 cl Cointreau

1 cl DOM Bénédictine

1 cl Grenadine

10 cl Ananassaft (vorzugsweise frisch gepresst)

1 – 2 cl Limettensaft (vorzugsweise frisch gepresst und je nach Geschmack)

1 Schuss Angostura Bitter

Eiswürfel

2 Stücke Ananas und eine Cocktailkirsche

Zudem benötigen Sie einen Shaker.

Zubereitung:

1. Alle Flüssigkeiten in einen Shaker geben und so lange schütteln, bis es schäumt.

2. Das Gemisch in ein mit Eiswürfeln gefülltes Glas langsam hineingeben, sodass der Schaum sich an der Oberfläche sammelt und eine Schaumkrone bleibt. Hierdurch kühlt das Getränk schneller ab.

3. Traditionell mit Ananasstücke und einer Cocktailkirsche dekorieren.

SOHO SLING

Der Soho Sling ist der letzte Sling, den ich hier vorstelle. Er gilt als Winter Drink, obwohl er mit Eiswürfel getrunken wird. Zudem kommt das Getränk aus New York und nicht, wie einige denken, aus London.

Zutaten für 1 Glas:

5 cl Gin

1 cl Limettensaft (frisch gepresst)

5 cl Ginger Beer

4 cl naturtrüber Apfelsaft

Eiswürfel

2 Thymianzweige

3 dünne Apfelscheiben

Zubereitung:

1. Füllen Sie ein Glas mit Eiswürfeln.
2. Geben Sie den Gin, den Limettensaft und den Apfelsaft hinzu. Hierdurch kühlt das Getränk schneller ab.
3. Zum Schluss fügen Sie das Ginger Beer hinzu und rühren das Getränk um.
4. Die Thymianzweige zwischen Ihren Händen reiben und in das Glas hineingeben.
5. Die Apfelscheiben zum Schluss an den Rand des Glases stecken.

AUQA VELVA

Der Aqua Velva ist ein Cocktail für die Geschmacksnerven und die Augen.

Zutaten für 1 Glas:

4 cl Wodka

4 cl Gin

4 cl Blue Curacao

20 cl Zitronenlimonade

Eiswürfel

Zudem benötigen Sie einen Shaker.

Zubereitung:

1. Den Alkohol mit Eiswürfel in den Shaker geben und schütteln.

2. Das Gemisch in ein Glas schütten und am Ende die Zitronenlimonade hinzugeben.

AVIATION

Der Aviation ist ein Sour Cocktail.

Zutaten für 1 Glas:

6 cl Gin

1 cl Maraschino

1 cl Crème de Violette

3 cl Zitronensaft (vorzugsweise frisch gepresst)

Eiswürfel

Cocktailkirschen

Außerdem benötigen Sie einen Shaker. Zudem ist ein Sieb von Nöten.

Zubereitung:

1. Alles, bis auf die Cocktailkirschen, in den Shaker geben und gut schütteln.

2. Dann verrühren, bis das Getränk blassblau wirkt.

3. Durch ein Sieb in ein leeres Glas abfüllen.

4. Mit Cocktailkirschen dekorieren.

BLUE LADY

Der Blue Lady Drink ähnelt dem Aqua Velva sehr, wird aber ohne Wodka und echtem Saft statt Limo zubereitet.

Zutaten für 1 Glas:

4 cl Gin

2 cl Blue Curacao

2 cl Zitronensaft (vorzugsweise frisch gepresst)

Eiswürfel

Weiterhin wird ein Shaker benötigt.

Zubereitung:

Die Zubereitung ist sehr einfach. Einfach alles zusammen in den Shaker geben, schütteln und in ein Glas schütten.

Hinweis:

Zur Dekoration können Sie das Glas mit Zitronenscheiben garnieren. Eine weitere Möglichkeit, zudem noch ein wenig Klassischer, wäre die Wahl einer Cocktailkirsche im Glas.

BACARDI SPECIAL

Dieser Cocktail ist in der Zubereitung sehr einfach, weshalb er sich auch zum Mixen von Anfängern eignet.

Zutaten für 1 Glas:

1 cl Grenadine

1 cl Limettensaft (vorzugsweise frisch gepresst)

1 cl Gin

4 cl weißer Rum

Eiswürfel.

Außerdem benötigen Sie einen Shaker.

Zubereitung:

1. Ein Glas vor der Zubereitung kaltstellen.

2. Alle Zutaten in den Shaker geben und gut schütteln.

3. Anschließend in das kalte Glas umfüllen.

BEE`S KNEES

Der Bee`s Knees wird auch Midnight in Paris genannt und hat seinen Ursprung in der französischen Metropole. Gleichzeitig gibt es die Theorie, dass der Ursprung dieses Getränks weit in der Vergangenheit liegt und dass man den Gin, der damals noch nicht so rein und köstlich war, wie zu den heutigen Standards, strecken und süßen musste, um ihn trinken zu können. Mittlerweile glaubt man, dass beide Theorien stimmen.

Zutaten für 1 Glas:

6 cl Gin

3 Tl Honig

2 cl Zitronensaft (vorzugsweise frisch gepresst)

Eiswürfel

Weiterhin benötigen Sie einen Shaker.

Zubereitung:

1. Ein Glas vorab kühlen.

2. Zuerst geben Sie den Gin mit dem Honig in den Shaker und bearbeiten diese Mischung so lange, bis sich der Honig auflöst. Vorzugsweise mittels rühren und nicht schütteln.

3. Sobald Schritt 2 fertig ist, den Zitronensaft und Eiswürfel hinzufügen und schütteln.

4. Das Gemisch in das gekühlte Glas füllen.

Hinweis:

Zur Dekoration können Sie Zitronenschalen am Glasrand befestigen.

BIG BEN

Der Big Ben ist ein fruchtig frischer Sommercocktail.

Zutaten für 1 Glas:

5 cl Gin

4 cl Orangensaft (vorzugsweise frisch gepresst)

2 cl Zitronensaft (frisch gepresster Saft eignet sich sehr gut)

1 cl Grenadine

10 cl Bitter Lemon

Eiswürfel

Weiterhin benötigen Sie einen Shaker sowie ein Sieb.

Zubereitung:

1. Den Gin mit den Säften, dem Sirup und einigen Eiswürfeln in den Shaker geben und gut schütteln.

2. Ein Glas mit Eiswürfeln befüllen und über das Sieb den Mix hineingießen.

3. Das Getränk mit Bitter Lemon auffüllen.

Hinweis:

Als Dekoration bieten sich Orangenscheiben an.

BLACKBERRY PEACH BRAMBLE

Der Blackberry Peach Bramble ist ein fruchtiger Cocktail, der trotz der vielen Zutaten einfach zu mischen ist.

Zutaten für 1 Glas:

90 ml Zitronenlimonade

45 ml Gin

30 ml Pfirsichmark

15 ml Creme de Cassis

6 Stk. Brombeeren (wahlweise ist auch Brombeersirup in Ordnung)

Minzblätter und ein Stück Zitrone

Eiswürfel

Außerdem benötigen Sie einen Shaker. Ein Mixer ist hier ebenfalls von Vorteil.

Zubereitung:

1. Mixen Sie das Pfirsichmark mit den Brombeeren, vorzugsweise in einem Mixer. Sonst können Sie auch alles zerstampfen.

2. Anschließend geben Sie das Püree mit der Limonade, dem Gin und Eiswürfel in den Shaker und schütteln alles gut durch.

3. Füllen Sie den Mix in ein mit Eiswürfeln gefülltes Glas und fügen Sie anschließend den Cassis hinzu.

4. Die Minzblätter und das Stück Zitrone, wahlweise auch eine Zitronenscheibe, dienen zur Garnitur.

BLUE BIRD

Der Blue Bird sieht wunderschön aus und hat einen ganz besonderen Geschmack. Die Zubereitung ist äußerst einfach.

Zutaten für 1 Glas:

1 Würfelzucker

1 cl Blue Curacao

1 cl Dry Gin

1 cl Triple Sec

8 cl Champagner

Zubereitung:

Für den Blue Bird gibt es nur zwei Zubereitungs-Stufen.

Als erstes geben Sie den Blue Curacao über den Zuckerwürfel. Danach wird der Rest hinzugegeben.

BLUE DIAMOND

Für den Blue Diamond gibt es unzählige Rezepte. Manche sind alkoholfrei, andere findet man ohne Zugabe von Gin. Ich habe mich jedoch für die Gin Variante entschieden, da es zum einen zur Vollständigkeit in dieses Buch gehört und zum anderen wunderbar prickelnd schmeckt.

Zutaten für 1 Glas:

2 cl Gin

2 cl Blue Curacao

2 cl Zitronensaft (vorzugsweise frisch gepresst)

6 cl Sekt

Außerdem benötigen Sie einen Shaker.

Zubereitung:

1. Geben Sie alle Zutaten mit Ausnahme vom Sekt in den Shaker und schütteln diesen.

2. Schütten Sie das Gemisch in ein Glas und geben zum Schluss den Sekt hinzu.

BLUE MONDAY

Der Blue Monday gehört ebenfalls zu unserer Sammlung an blauen Cocktails und ist äußerst einfach herzustellen.

Zutaten für 1 Glas:

2 cl Gin

4 cl Cointreau

1 cl Blue Curacao

Soda

Eiswürfel

Zubereitung:

1. Füllen Sie Eis in ein Glas und schütten den Gin sowie den Cointreau hinzu. Hierdurch kühlt das Getränk schneller ab.

2. Das Gemisch mit Soda auffüllen.

3. Anschließend den Blue Curacao hinzugeben und rühren.

BLUE MONDAY TONIC

Der Blue Monday Tonic ist eine Abwandlung des Blue Mondays, schmeckt aber bitterer, da das Soda mit Tonic Water ersetzt wird.

Zutaten für 1 Glas:

2 cl Gin

4 cl Cointreau

1 cl Blue Curacao

Tonic Water

Zubereitung:

1. Stellen Sie ein Glas kalt, bevor Sie mit dem Mischen beginnen.

1. Füllen Sie den Gin sowie den Cointreau in das kalte Glas.

2. Das Gemisch mit Tonic Water auffüllen.

3. Anschließend den Blue Curacao hinzugeben und rühren.

BOMBAY CRUSHED

Dieser Cocktail wurde von der Marke Bombay Sapphire Gin entwickelt, um einen eigenen Drink zu kreieren. Heute kann man ihn mit diversen Gin Sorten mixen.

Zutaten für 1 Glas:

6 cl Gin (Neben dem Bombay Sapphire Gin eignet sich auch der London Gin)

6 Kumquats

Saft 1 Limette

2 Barlöffel Rohrzucker

Crushed Ice

Außerdem benötigen Sie einen Shaker.

Zubereitung:

1. Stellen Sie ein Glas kalt, bevor Sie mit dem Mischen beginnen.

2. Die Kumquats in Hälften mit dem Rohrzucker in den Shaker geben und zerdrücken.

3. Dann den Rest hinzufügen und kräftig und lange schütteln.

4. Das Gemisch in das kalte Glas geben.

BOND`S MARTINI

Geschüttelt, nicht gerührt – das ist, was James Bond sagt. Tatsächlich wird dieser Drink bei der Zubereitung außerhalb der Filme gerührt.

Zutaten für 1 Glas:

5 cl Dry Gin

3 cl Wodka

1 cl Quinquina

Eiswürfel

Zubereitung:

1. Stellen Sie ein Glas ins Gefrierfach, bevor Sie mit dem Mischen beginnen.

2. Geben Sie alle Zutaten zusammen und rühren Sie diese um.

2. Ist das Glas gefrostet, schütten Sie den Mix hinein.

Hinweis:

Dekoriert wird der Cocktail mit einer Zitronenzeste.

BRAMBLE

Der Bramble ist fruchtig, jedoch nicht süß und einfach in der Zubereitung.

Zutaten für 1 Glas:

5 cl Gin

2 cl Zitronensaft (vorzugsweise frisch gepresst)

1 cl Zuckersirup

Eiswürfel

8 Brombeeren

Zubereitung:

1. Geben Sie zunächst bis zu 6 Brombeeren in ein Glas und zerdrücken diese.

2. Dann folgen die Eiswürfel. Auf die Eiswürfel die restlichen Zutaten schütten. Hierdurch kühlt das Getränk schneller ab.

3. Kurz umrühren.

4. Zur Dekoration nutzen Sie die letzten 2 Brombeeren.

BRONX

Der Bronx Cocktail ist ein mittelstarkes Getränk, das seinen Ursprung in New York hat.

Zutaten für 1 Glas:

4 cl Gin

2 cl Vermouth rosso

2 cl Vermouth dry

4 cl Orangensaft (vorzugsweise frisch gepresst)

Eiswürfel

Außerdem brauchen Sie einen Shaker. Zudem wird ein Sieb benötigt.

Zubereitung:

Die Zubereitung ist äußerst einfach. Alles zusammen in einen Shaker geben, schütteln und über das Sieb in ein Glas geben.

Hinweis:

Um einen schönen seltenen Anblick zu bieten, wird der Drink oft mit einer getrockneten Blutorangenscheibe und einem Rosmarinzweig verziert.

CAMPARI FLIP

Der Campari Flip ist ein herbes Getränk, was zu Beginn vielleicht etwas merkwürdig erscheint, da Sie hier mit einem Eigelb arbeiten müssen.

Zutaten für 1 Glas:

4 cl Campari

1 cl Gin

4 cl Orangensaft (vorzugsweise frisch gepresst)

1 Eigelb

Eiswürfel

Zudem benötigen Sie einen Shaker. Auch ein (Bar) Sieb ist von Nöten.

Zubereitung:

Die Zubereitung ist sehr einfach. Geben Sie alles zusammen in den Shaker, schütteln es und gießen Sie den Mix über das Sieb in ein Glas.

CARUSO

Der Caruso überzeugt allein schon von seinem Aussehen und schmeckt sehr erfrischend.

Zutaten für 1 Glas:

30 ml Gin

10 ml Grüner Minzlikör (Crème de Menthe)

20 ml Trockener Wermut (Vermouth Dry)

Eiswürfel

Zudem benötigen Sie einen Shaker.

Zubereitung:

1. Geben Sie alle Zutaten in den Shaker und schütteln ihn.

2. Geben Sie den Mix in ein Glas.

Hinweis:

Zur Dekoration eignen sich Pfefferminzblätter.

CHICAGO FREESTYLE

Der Chicago Freestyle enthält zwar viele verschiedene Zutaten, ist allerdings sehr einfach in der Zubereitung. Aber Achtung, es ist ein starker Cocktail.

Zutaten für 1 Glas:

2 cl Wodka

2 cl Gin

2 cl weißer Rum

2 cl Southern Comfort (Whiskeylikör)

2 cl Blue Curacao

2 cl Limettensirup

2 cl Zitronensaft (vorzugsweise frisch gepresst)

2 cl Ananassaft (vorzugsweise frisch gepresst)

4 cl Orangensaft (vorzugsweise frisch gepresst)

Eiswürfel

Außerdem brauchen Sie einen Shaker.

Zubereitung:

Es ist sehr einfach den Chicago Freestyle zu mischen. Geben Sie alles zusammen in den Shaker, schütteln diesen und servieren Sie den Cocktail in einem frischen Glas.

CLARIDGE

Der Claridge ist ein fruchtiger trockener Drink.

Zutaten für 1 Glas:

20 ml Gin

10 ml Aprikosenbrand (Apricot Brandy)

20 ml Trockener Wermut (Vermouth Dry)

10 ml Triple Sec

Eiswürfel

Außerdem benötigen Sie einen Shaker.

Zubereitung:

1. Geben Sie alle Zutaten in den Shaker und schütteln Sie diesen.
2. Anschließen geben Sie den Mix in ein Glas und servieren den Drink.

CLOVER CLUB

Der Clover Club Cocktail schürt Diskussionen in der Cocktail-Welt, da man sich nicht einig ist, ob der Himbeersirup als Zutat nun dazu gehört oder nicht. Ich persönlich finde ihn mit Sirup geschmackvoller, aber entscheiden Sie selbst.

Zutaten für 1 Glas:

6 cl Gin

3 cl Zitronensaft (vorzugsweise frisch gepresst)

1 cl Himbeersirup

3 Himbeeren

1 Eiweiß

Eiswürfel

Zudem brauchen Sie einen Shaker. Außerdem ist ein Sieb von Nöten.

Zubereitung:

1. Ein Glas vor der Zubereitung kaltstellen.
2. Zunächst die Himbeeren in den Shaker geben und mahlen.
3. Dann den Rest hinzugeben und schütteln.
4. Über das Sieb die Eiswürfel herausfiltern und erneut schütteln, bis der Drink schäumt.
5. Zum Schluss wird der Mix in das kühle Glas gegossen.

Hinweis:

Wer dekorieren möchte, kann Himbeeren hinzugeben.

COCO LOCO

Der Coco Loco hat viele Varianten, um zubereitet zu werden. Ich stelle Ihnen in diesem Buch natürlich die mit Gin vor.

Zutaten für 1 Glas:

3 cl Gin

12 cl Ananassaft (vorzugsweise frisch gepresst)

3 cl Batida de Coco

6 cl Cream of Coconut

3 cl Tequila

5 cl Rum (vorzugsweise weißer Rum)

3 cl Zitronensaft (vorzugsweise frisch gepresst)

Eiswürfel

Zudem brauchen Sie einen Shaker. Außerdem ist ein Sieb von Nöten.

Zubereitung:

1. Stellen Sie vor der Zubereitung ein Glas kalt.

2. Geben Sie alle Zutaten in den Shaker und schütteln diesen kräftig.

3. Lassen Sie das Gemisch über das Sieb in das kalte Glas ein.

Hinweis:

Für einen echten Hingucker können Sie eine Kokosnuss so aushüllen, dass es ein Trinkgefäß wird. Zudem können Sie den Drink mit Ananasscheiben gut dekorieren.

CRANBERRY COOLER

Den Cranberry Cooler kennen einige sicher als alkoholfreien Drink. Es gibt jedoch auch die Variante mit Gin, die ich Ihnen hier vorstelle.

Zutaten für 1 Glas:

6 cl Gin

2 cl Cranberry Sirup

12 cl Orangensaft (vorzugsweise frisch gepresst)

Eiswürfel

Zubereitung:

Die Herstellung des farbfrohen Cocktails ist äußerst einfach. Geben Sie alles zusammen in ein Glas, verrühren die Mischung und schon ist das Getränk fertig.

CRANBERRY GIN

Der Cranberry Gin scheint auf den ersten Blick dem Cranberry Cooler sehr ähnlich zu sein. Ähnlich sind sie sich, doch der Cranberry Gin wird zum einen mit Zitronen- anstatt mit Orangensaft gemischt, außerdem nutzen wir hier Cranberry Saft und keinen -sirup. Des Weiteren unterscheiden sich die Mengen erheblich.

Zutaten für 1 Glas:

2 cl Gin

12 cl Cranberrysaft

2 cl Zitronensaft (vorzugsweise frisch gepresst)

Crushed Eis

Zubereitung:

Die Herstellung des Drinks ist äußerst einfach. Geben Sie alles zusammen in ein Glas, verrühren die Mischung und genießen Sie es.

CREMA GIN

Der Crema Gin ist unser erster Drink mit Eierlikör. Durch die Mischung mit Zitronensaft ergibt sich ein schön herber Geschmack.

Zutaten für 1 Glas:

4 cl Gin

2 cl Eierlikör

1 cl Zitronensaft (vorzugsweise frisch gepresst)

10 cl Tonic Water

Eiswürfel

1 Zitronenscheibe

Zubereitung:

1. Zunächst mischen Sie den Eierlikör mit dem Zitronensaft.

2. Danach geben Sie den Gin und einige Eiswürfel hinzu, um alles zu verrühren.

3. Füllen Sie ein Glas mit weiteren Eiswürfeln und kippen Sie den Mix darüber.

4. Am Ende wird der Drink mit dem Tonic Water aufgefüllt.

5. Die Zitronenscheibe kommt zur Dekoration ins Glas.

CUCUMBER FROG

Heutzutage wird vieles mit Gurken verziert. Meist findet man eine Gurkenscheibe im Wasserglas, aber kennen Sie die Gurke auch im Gin? Allzu überraschend ist das sicherlich nicht, doch der Cucumber Frog wird Sie sicher an den Rande Ihrer Vorstellung bringen. Denn er enthält auch Wasabi.

Zutaten für 1 Glas:

6 cl Gin

2 cl Basilikumsirup

1 TL Wasabipaste

10 Gurkenscheiben

Eiswürfel

Zubereitung:

Die Zubereitung ist äußerst einfach. Geben Sie einfach alle Zutaten zusammen und rühren das Gemisch um.

Hinweis:

Ist Ihnen der Cocktail zu stark, können Sie es noch mit Soda auffüllen, oder wahlweise mehr Gurken hineingeben.

DERBY

Der Derby ist ein fruchtiger Drink, der durch die frischen Säfte nicht zu süß oder künstlich schmeckt.

Zutaten für 1 Glas:

4 cl Gin

8 cl Maracujasaft (vorzugsweise frisch gepresst)

1 cl Grenadine

1 cl Zitronensaft (vorzugsweise frisch gepresst)

Eiswürfel

Des Weiteren benötigen Sie einen Shaker. Zudem ist ein Sieb von Nöten.

Zubereitung:

Die Zubereitung dieses Drinks ist äußerst einfach.

1. Geben Sie alle Zutaten in den Shaker und schütteln diesen kräftig.

2. Schütten Sie die Mischung über das Sieb in ein mit frischen Eiswürfeln gefülltes Glas.

Hinweis:

Dekorieren können Sie den Drink mit einer Zitronenscheibe.

DIRTY MARTINI

In ein Gin-Rezeptbuch ist der Dirty Martini ein Muss.

Zutaten für 1 Glas:

6 cl Gin (vorzugsweise London Dry Gin)

2 cl trockener Wermut (Vermouth Dry)

1 cl Olivenlake

1 Olive

Eiswürfel

Zubereitung:

1. Vor Beginn ein Glas in den Gefrierschrank stellen.

2. Ist das Glas eisig, werden alle Zutaten außer die Olive in ein Glas gegeben und verrührt.

3. Die Olive als Dekoration hinzugeben.

Hinweis:

Der Dirty Martini wird auch einfach Martini genannt.

DRY MARTINI

Der Dry Martini ähnelt dem Dirty Martini sehr, braucht jedoch als Finish noch eine Zitrone.

Zutaten für 1 Glas:

6cl Gin

1 cl trockener Wermut (Vermouth Dry)

Eiswürfel

Zitrone

Zudem benötigen Sie ein (Bar) Sieb.

Zubereitung:

1. Das Glas vor Zubereitung kühlen – nicht ins Gefrierfach wie beim Dirty Martini.

2. Schütten Sie den Gin und den Wermut in ein mit Eis gefülltes Glas und rühren Sie es gut um.

3. Dann wird das Gemisch über das Sieb in das gekühlte Glas geben.

4. Mit ein paar Zitronenspritzer abspritzen.

Hinweis:

Zur Dekoration eignet sich entweder eine Zitronenscheibe oder die bekanntere Variante: eine Olive.

GIBSON MARTINI

Auch der Gibson Martini ähnelt den zuvor genannten Drinks sehr. Auch hier gibt es jedoch eine kleine Abwandlung, die den Martini einzigartig werden lässt.

Zutaten für 1 Glas:

6 cl Dry Gin

2 cl Trockener Wermut (Vermouth Dry)

Eiswürfel

1 bis 3 Silberzwiebeln

Außerdem benötigen Sie ein Sieb

Zubereitung:

1. Vor Beginn ein Glas in den Gefrierschrank stellen.

2. Mischen Sie Flüssigkeiten über Eis in einem Glas und rühren es kräftig.

3. Über das Sieb wird die Mischung in das eisgekühlte Glas gefüllt.

4. Am Ende wird der Drink mit den Silberzwiebeln dekoriert.

HEDGEHOG MARTINI

Der Hedgehog Martini ist einer der wenigen, der anstatt gerührt geschüttelt wird. Frei nach James Bond`s Motto.

Zutaten für 1 Glas:

6 cl Gin (hier eine würzige Sorte verwenden)

2 cl Wodka

2 cl Absinth

Eiswürfel

Zudem benötigen Sie einen Shaker.

Zubereitung:

1. Ein Glas vor der Zubereitung kaltstellen.

2. Alle Zutaten in den Shaker geben und kräftig schütteln.

3. Das Gemisch in das gekühlte Glas geben.

PERFECT MARTINI

Der Perfect Martini ist, wie der Name schon sagt, perfekt. Ob dem wirklich so ist, können Sie selbst entscheiden.

Zutaten für 1 Glas:

4 cl Gin

1 cl trockener Wermut (Vermouth Dry)

1 cl roter Wermut (Vermouth Rosso)

¼ Zitrone

Eiswürfel

Außerdem benötigen Sie ein Sieb.

Zubereitung:

1. Mischen Sie die verschiedenen Getränke in ein mit Eiswürfeln gefülltes Glas und rühren Sie es um.
2. Füllen Sie das Gemisch über ein Sieb in ein leeres Glas.
3. Geben Sie einen Spritzer der Zitrone über den Drink.
4. Mit einer Zitronenscheibe dekorieren.

SMOKEY MARTINI / SMOKY MARTINI

Der Smokey Martini enthält Whiskey, weshalb der Zusatz Smokey gewählt wurde.

Zutaten für 1 Glas:

5 cl Gin

1 cl Scotch Whiskey

1 cl trockener Wermut (Vermouth Dry)

Eiswürfel

Zubereitung:

1. Ein Glas vor der Zubereitung kaltstellen.

2. Sobald das Glas kalt ist, füllen Sie alle Zutaten hinein und rühren Sie es gut um.

Hinweis:

Der Wermut ist nicht in jedem Rezept zu finden, ich persönlich finde, dass der Drink dadurch noch eine rauchige (smokey) Note erhält. Probieren Sie für sich, was Ihnen besser zusagt.

SWEET MARTINI

Der Sweet Martini ist, wie der Name schon sagt, eine süße Abwandlung des normalen Martinis.

Zutaten für 1 Glas:

4 cl Gin

2 cl roter Wermut (Vermouth Rosso)

Eiswürfel

Cocktailkirsche

Weiterhin benötigen Sie ein (Bar) Sieb.

Zubereitung:

1. Geben Sie den Gin und den Wermut in ein Glas mit Eiswürfeln und verrühren das Gemisch.

2. Über das Sieb in ein Glas geben.

3. Zur Dekoration eignen sich Cocktailkirschen wegen ihrer Süße hervorragend.

EARL GREY MARTEANI / EARL GREY MARTINI

Wie der Name schon sagt, wird dieser Cocktail mit dem Earl Grey Tee gemischt und ist somit eine sehr unkonventionelle Mischung.

Zutaten für 1 Glas:

5 cl Gin

1 Teebeutel Earl Grey

3 cl Zitronensaft (vorzugsweise frisch gepresst)

2 cl Zuckersirup

1 Eiweiß

Eiswürfel

Außerdem benötigen Sie einen Shaker. Zudem wird ein (Bar) Sieb benötigt.

Zubereitung:

1. Geben Sie den Teebeutel in den Gin und lassen ihn ungefähr eine Stunde ziehen.

2. Stellen Sie währenddessen ein Glas kalt.

3. Danach kann das Gemisch in den Shaker. Fügen Sie den Zitronensaft, den Zuckersirup und das Eiweiß mit Eiswürfeln hinzu und schütteln alles kräftig.

4. Schütten Sie das Getränk durch das Sieb in das gekühlte Glas.

DOLLY

Der Dolly Cocktail ist ein einfacher, aber leckerer Cocktail.

Zutaten für 1 Glas:

2 cl Gin

3 cl weißer Wermut (Vermouth Bianco)

3 cl Maracujasaft (vorzugsweise frisch gepresst)

Eiswürfel

Außerdem benötigen Sie einen Shaker. Zudem ist ein (Bar) Sieb von Nöten.

Zubereitung:

1. Geben Sie alle Zutaten in den Shaker und schütteln ihn kräftig.

2. Füllen Sie das Gemisch über ein Sieb in das Glas.

Hinweis:

Als Dekoration können Sie ein Stück Maracuja nutzen, oder eine Cocktailkirsche servieren.

DRUNKEN LADY

Bei der Drunken Lady könnte man schnell an Bloody Mary denken. Sie werden sehen, wieso.

Zutaten für 1 Glas:

3 cl Gin

2 cl Wodka

2 cl Blue Curacao

3 cl Sekt

1 cl Tomatensaft

Zubereitung:

Die Zubereitung ist sehr simpel. Geben Sie alles zusammen in ein Glas und verrühren alles. Schon haben Sie eine interessante Mischung.

ELECTRIC ICE TEA

Der Electric Ice Tea ist ein blauer Cocktail mit vielen Zutaten, jedoch einfach in der Zubereitung.

Zutaten für 1 Glas:

3 cl Gin

3 cl Rum

3 cl Wodka

1 cl Tequila

1 cl Triple Sec

9 cl Zitronenlimonade

Eiswürfel

Außerdem benötigen Sie einen Shaker.

Zubereitung:

Geben Sie alle Alkoholsorten in den Shaker, schütten Eiswürfel hinzu und schütteln den Mix. Danach schütten Sie diesen in ein Glas und füllen es mit Zitronenlimonade auf. Falls Sie dekorieren wollen, eignet sich eine Zitronenscheibe.

LONG ISLAND ICED TEA / LONG ISLAND ICE TEA

Der Long Island Ice Tea gehört zu meinen Lieblingscocktails und ist ein echter Klassiker, den man weltweit kennt. Probieren Sie ihn doch auch mal aus.

Zutaten für 1 Glas:

2 cl Gin

2 cl Wodka

2 cl weißer Rum

2 cl Tequila

2 cl Triple Sec

2 cl Zuckerrohr-Sirup

2 cl Zitronensaft (vorzugsweise frisch gepresst) – wahlweise ist auch Limettensaft möglich

Cola

Eiswürfel

Zitrone oder Limette

Zubereitung:

Trotz der vielen Zutaten ist die Zubereitung einfach. Geben Sie alles den Gin, den Wodka, den Rum, den Tequila, den Triple Sec, den Sirup und den Fruchtsaft in ein Glas mit Eiswürfel. Schütten Sie es mit Cola auf und rühren es um.

Zur Dekoration können Sie Zitronen- oder Limettenscheiben wählen, auch beides geht.

Hinweis: In manchen Rezepten des Long Island Ice Tea gibt es keinen Gin. Ich halte ihn nur damit für vollständig.

ELECTRIC POISON

Der Electric Poison ist ein außergewöhnlicher Drink, der zudem noch ein wahrer Hingucker ist. Geschmacklich einzigartig.

Zutaten für 1 Glas:

4 cl Gin

2 cl Waldmeistersirup

2 cl Veilchensirup

4 cl Limettensaft (vorzugsweise frisch gepresst)

Eiswürfel

Zudem ist ein Shaker von Nöten

Zubereitung:

1. Geben Sie alle Zutaten ohne Eiswürfel in den Shaker.

2. Nach dem Schütteln in ein mit Eiwürfeln gefülltes Glas geben.

Hinweis:

Man kann den Drink auch noch mit Ginger Ale auffüllen. Probieren Sie, was Ihnen schmeckt.

FIVE O`CLOCK

Der Five O`Clock ist ein würziger Cocktail mit einer sehr einfachen Zubereitung.

Zutaten für 1 Glas:

2 cl Gin

2 cl weißer Rum

2 cl roter Wermut (Vermouth Rosso)

2 cl Orangensaft (vorzugsweise frisch gepresst)

Eiswürfel

Außerdem benötigen Sie einen Shaker. Zudem ist ein Sieb von Nöten.

Zubereitung:

1. Geben Sie alle Zutaten mit den Eiswürfeln in den Shaker und schütteln es kräftig.

2. Danach über ein Sieb in ein frisches Glas geben.

3. Zur Dekoration können Sie eine Orangenscheibe verwenden.

FLYING

Der Flying ist nicht mit dem nachfolgenden und wohl bekannteren Flying Dutchman zu verwechseln, sondern ist ein eigener Mix.

Zutaten für 1 Glas:

2 cl Gin

1 cl Triple Sec

1 cl Zitronensaft (vorzugsweise frisch gepresst)

Ca. 7 cl Sekt (zum Auffüllen)

Eiswürfel

Außerdem benötigen Sie einen Shaker. Zudem ist ein Sieb von Nöten.

Zubereitung:

1. Geben Sie den Gin, den Triple Sec und den Zitronensaft mit Eiswürfeln in einen Shaker und schütteln diesen.

2. Über das Sieb die Mischung in ein frisches Glas schütten.

3. Mit Sekt auffüllen.

FLYING DUTCHMAN

Flying Dutchman ist in vielerlei Hinsicht ein Begriff für die meisten. Es gibt auch einen Drink mit dem Namen des berühmten Geisterschiffs.

Zutaten für 1 Glas:

4 cl Gin (vorzugsweise Genever)

1 cl Triple sec

1 cl Orange Bitters

1 Limette

Eiswürfel

Zubereitung:

1. Eiswürfel in ein Glas geben und alle flüssigen Zutaten hineingeben. Hierdurch kühlt das Getränk schneller ab.

2. Rühren.

3. Zum Schluss die Limette achteln und ein Stück über den Drink ausquetschen.

4. Mit einem weiteren Achtel verzieren.

FOG CUTTER

Der Fog Cutter hat einen leicht herben Geschmack und ist einfach in der Zubereitung. Er eignet sich für gesellige informelle Abende.

Zutaten für 1 Glas:

15 ml Gin

45 ml Rum Light

25 ml Cognac

45 ml Orangensaft (vorzugsweise frisch gepresst)

15 ml Zitronensaft (vorzugsweise frisch gepresst)

15 ml Orgeat (Mandelsirup)

15 ml Sherry

Eiswürfel

Außerdem benötigen Sie einen Shaker.

Zubereitung:

1. Geben Sie alle Zutaten in den Shaker außer dem Sherry.

2. Schütteln Sie den Mix und schütten es in ein Glas.

3. Fügen Sie den Sherry hinzu.

4. Mit einem Stück Orange dekorieren.

SAMOAN FOG CUTTER

Auch der Samoan Fog Cutter schmeckt leicht herb, hat jedoch noch einen sauren Zusatz. Er unterscheidet sich in den Mengenangaben vom Fog Cutter.

Zutaten für 1 Glas:

2 cl Gin

1 cl Sherry

2 cl Brandy

4 cl Rum Light

3 cl Orangensaft (vorzugsweise frisch gepresst)

6 cl Zitronensaft (vorzugsweise frisch gepresst)

1 cl Orgeat (Mandelsirup)

Crushed Eis

Eiswürfel

Außerdem brauchen Sie einen Shaker.

Zubereitung:

1. Geben Sie alle Zutaten in den Shaker außer dem Sherry.

2. Schütteln Sie den Mix und schütten es in ein mit Eiswürfeln gefülltes Glas.

3. Fügen Sie den Sherry hinzu.

4. Mit einem Stück Orange dekorieren. Wahlweise eignet sich auch ein Minzezweig.

FRANCIS

Herb und dennoch süß: So kann man den Francis wohl am besten beschreiben.

Zutaten für 1 Glas:

3 cl Gin

4 cl Aperol

3 cl Grapefruitsaft

10 cl Bitter Lemon

Eiswürfel

Zudem brauchen Sie einen Shaker. Weiterhin ist ein Sieb von Nöten.

Zubereitung:

1. Geben Sie alles bis auf Bitter Lemon in den Shaker und schütteln es.

2. Über das Sieb in ein mit Eiswürfeln gefülltes Glas geben und mit Bitter Lemon auffüllen.

FRENCH 75

Der French 75 ist durch die Zugabe von Champagner ein feiner Tropfen.

Zutaten für 1 Glas:

3 cl Gin

2cl Zitronensaft (vorzugsweise frisch gepresst)

1 cl Triple Sec

10 cl Champagner

Weiterhin ist ein Shaker von Nöten.

Zubereitung:

1. Ein Glas vor der Zubereitung kaltstellen.

2. Geben Sie alles bis auf den Champagner in den Shaker und schütteln diesen.

3. Füllen Sie das Gemisch in das kalte Glas und geben Sie den Champagner hinzu.

GENOVA

Der Genova ist ein einfacher Drink mit einer besonderen Note.

Zutaten für 1 Glas:

4 cl Gin

3 cl Grappa

1 cl Sambuca

1 cl trockener Wermut (Vermouth Dry)

Eiswürfel

Zudem benötigen Sie ein Sieb.

Zubereitung:

1. Ein Glas vor der Zubereitung kaltstellen.

2. Geben Sie alle Zutaten in ein Glas und verrühren es gründlich.

3. Schütten Sie den Mix über ein Sieb in das gekühlte Glas.

4. Sofort servieren und genießen.

GIMLET

Der Gimlet ist ein klassischer Drink mit Gin, der fruchtig schmeckt und schnell in der Zubereitung ist. Erwarten Sie spontan Besuch? Dann ist er perfekt.

Zutaten für 1 Glas:

6 cl Gin

2 cl Lime Juice (Limetten Sirup)

1 Limette

Eiswürfel

Zudem ist ein Shaker von Nöten. Des weiteren brauchen Sie ein Sieb.

Zubereitung:

1. Ein Glas vor der Zubereitung kaltstellen.

2. Geben Sie den Gin, den Lime Juice und den Saft einer geviertelten Limette auf Eiswürfel in den Shaker und schütteln das Gemisch.

3. Über ein Sieb in das gekühlte Glas geben.

4. Mit Limettenscheiben dekorieren.

GINGERBALL

Es gibt zwei offizielle Varianten des Gingerballs. Eine mit Whiskey und eine mit Gin, die ich Ihnen hier vorstelle.

Zutaten für 1 Glas:

2 cl Gin

3 cl Bénédictine

2 cl Ananassaft (vorzugsweise frisch gepresst)

12 cl Ginger Ale

Eiswürfel.

Außerdem benötigen Sie einen Shaker.

Zubereitung:

1. Geben Sie den Gin, den Bénédictine und den Ananassaft auf Eiswürfel in den Shaker und schütteln diesen.

2. In ein Glas umschütten.

3. Mit Ginger Ale auffüllen.

GREEN 43

Vermutlich kennen Sie den Drink 43 Milch. Man kann den Likör jedoch auch sehr gut mit Gin mischen, was ich Ihnen hier vorstelle.

Zutaten für 1 Glas:

2 cl Gin

2 cl Blue Curacao

2 cl Licor 43

1 cl Limettensaft (vorzugsweise frisch gepresst)

10 cl Maracujasaft (vorzugsweise frisch gepresst)

Eiswürfel

Zudem wird ein Shaker benötigt.

Zubereitung:

Die Zubereitung ist äußerst einfach. Geben Sie alles in den Shaker und schütteln diesen, um den Drink dann in ein Glas zu geben.

Hinweis:

Zur Dekoration eignen sich Kiwischeiben.

GREEN JADE

Der Green Jade ist nicht mit dem Jade zu verwechseln. Im Letzteren gibt es keinen Gin und auch die anderen Zutaten sind anders.

Zutaten für 1 Glas:

3 cl Gin

2 cl Pfefferminzlikör

6 cl Sahne

Eiswürfel

Außerdem ist ein Shaker von Nöten

Zubereitung:

Für die Zubereitung geben Sie alles zusammen in den Shaker, schütteln es und servieren den Drink in einem Glas.

GREEN MORNING

Der Green Morning ist, auch wenn er so klingt, kein Frühstücksdrink. Zumindest nicht unbedingt. Im Urlaub kann man diesen Cocktail sicherlich auch in den Morgenstunden genießen.

Zutaten für 1 Glas:

4 cl Gin

2 cl Blue Curacao

4 cl Ananassaft (vorzugsweise frisch gepresst)

4 cl Orangensaft (vorzugsweise frisch gepresst)

4 cl Grapefruitsaft (vorzugsweise frisch gepresst)

Eiswürfel.

Zudem brauchen Sie einen Shaker.

Zubereitung:

1. Geben Sie alle Zutaten in den Shaker und schütteln diesen.

2. Füllen Sie ein Glas mit Eiswürfeln.

3. Schütten Sie die Mischung über die Eiswürfel. Hierdurch kühlt das Getränk schneller ab.

HAWAIIAN VARIANTE 1

Der Hawaiian ist ein mittelsüßer Drink, von dem es zwei Varianten gibt. Beide stelle ich Ihnen vor.

Zutaten für 1 Glas:

4 cl Gin

2 cl Orange Curacao

2 cl Ananassaft (vorzugsweise frisch gepresst)

Eiswürfel

Außerdem benötigen Sie einen Shaker. Zudem noch ein Sieb.

Zubereitung:

1. Geben Sie alle Zutaten in den Shaker und schütteln diesen, bis sich etwas Schaum bildet.

2. Schütten Sie den Mix über das Sieb in ein Glas.

3. Zur Dekoration können Sie eine Ananasscheibe verwenden.

HAWAIIAN COCKTAIL (ODER: VARIANTE 2)

Der Hawaiian Cocktail ist die zweite Variante des Drinks. Manchmal hat er tatsächlich den Zusatz „Cocktail", womit eine Unterscheidung möglich ist.

Zutaten für 1 Glas:

2 cl Gin

2 cl Orangensaft (vorzugsweise frisch gepresst)

1 cl Triple Sec

Eiswürfel

Außerdem benötigen Sie einen Shaker. Zudem noch ein (Bar) Sieb.

Zubereitung:

1. Geben Sie alle Zutaten in den Shaker und schütteln diesen, bis sich etwas Schaum bildet.

2. Schütten Sie den Mix über das Sieb in ein Glas.

3. Zur Dekoration können Sie eine Orangenscheibe verwenden.

HELICOPTER

Auch für den Helicopter gibt es verschiedene Varianten. Variieren können Sie natürlich sowieso nach Belieben und Geschmack. Ich gebe Ihnen hier meine Lieblingsvariante des Helicopters, was zugleich eine Bekanntere ist.

Zutaten für 1 Glas:

4 cl Gin

4 cl Tequila

2 cl Triple Sec

2 cl Limettensirup

Tonic Water

Eiswürfel

Außerdem benötigen Sie einen Shaker

Zubereitung:

1. Mixen Sie alle Zutaten außer Tonic Water im Mixer zusammen.
2. Füllen Sie den Mix in ein frisches Glas.
3. Zum Schluss füllen Sie das Getränk mit Tonic Water auf.

HENDERSON PRIME

Der Henderson Prime wird, wie der Name schon sagt, mit dem Henderson Gin zubereitet.

Zutaten für 1 Glas:

4 cl Gin (Henderson London Dry Gin)

4 cl Pink Grapefruit (frisch gepresst)

2 cl Limettensirup

Eiswürfel

Zubereitung:

Die Zubereitung ist äußerst einfach. Geben Sie alles in ein Glas und rühren das Getränk um.

Hinweis:

Sollten Sie Limettensaft bevorzugen, können Sie wahlweise auch Limetten ausdrücken.

HOLY BARTENDER

Der Holy Bartender sollte nach der Zubereitung eine dunkelblaue bis lila Farbe erlangen.

Zutaten für 1 Glas:

2 cl Gin

4 cl Tequila

2 cl Triple Sec

2 cl Blue Curacao

1 cl Grenadine

1 cl Zuckersirup

Bitter Lemon

Eiswürfel

Weiterhin wird ein Shaker benötigt. Zudem brauchen Sie ein Sieb.

Zubereitung:

1. Geben Sie alles außer Bitter Lemon in den Shaker und schütteln diesen.

2. Lassen Sie den Mix über ein Sieb in ein mit frischen Eiswürfeln gefülltes Glas ab. Hierdurch kühlt das Getränk schneller ab.

3. Füllen Sie den Cocktail mit Bitter Lemon auf.

JACK COUSTEAU

Der Jack Cousteau Cocktail wurde nach dem bekannten Meeresforscher benannt.

Zutaten für 1 Glas:

2 cl Gin

2cl Wodka

2 cl Blue Curacao

2 cl Tonic Water

Eiswürfel

Zubereitung:

Die Zubereitung ist äußerst einfach. Geben Sie alles in ein Glas und rühren das Getränk um.

JOY OF LOVE

Der Joy of Love ist ein frischer fruchtig schmeckender Cocktail.

Zutaten für 1 Glas:

4 cl Gin

2 cl Apricot Brandy

2 cl Limettensaft (vorzugsweise frisch gepresst)

1 cl Grenadine

12 cl Maracujasaft (vorzugsweise frisch gepresst)

Crushed Eis

Außerdem benötigen Sie einen Shaker

Zubereitung:

1. Fügen Sie alle Zutaten in den Shaker zusammen und schütteln diesen ordentlich.

2. Geben Sie das Gemisch in ein Glas.

Hinweis:

Zur Dekoration eignen sich Limettenstücke. Sie können wahlweise auch auf eine Cocktailkirsche zurückgreifen.

KNOCK OUT

Der Knock Out klingt nach einem starken Drink, er ist jedoch eher moderat.

Zutaten für 1 Glas:

2 cl Gin

1 cl Crème de Menthe (Pfefferminzlikör)

2 cl trockener Wermut (Vermouth Dry)

2 cl Anisée (Pernod)

Eiswürfel

Zubereitung:

1. Fügen Sie alle Zutaten in den Shaker zusammen und schütteln diesen ordentlich.

2. Geben Sie das Gemisch in ein Glas.

Hinweis:

Zur Dekoration eignen sich ein Minzezweig. Sie können wahlweise auch auf eine Cocktailkirsche zurückgreifen.

LADY KILLER

Der Lady Killer steht auf vielen Getränkekarten. Als richtigen „Killer" in Form von stark wirkend würden ihn viele junge Erwachsenen wohl aber nicht bezeichnen. Man trinkt ihn vor allem dann gerne, wenn man eine fruchtige Mischung mag, die an Sommerabende erinnert.

Zutaten für 1 Glas:

3 cl Gin

2 cl Orangenlikör (Cointreau)

2 cl Apricot Brandy

5 cl Ananassaft (vorzugsweise frisch gepresst)

5 cl Maracujasaft (vorzugsweise frisch gepresst)

Eiswürfel

Zudem benötigen Sie einen Shaker. Weiterhin wird ein Sieb benötigt.

Zubereitung:

1. Stellen Sie vor Beginn ein Glas kalt.

2. Alle Zutaten in den Shaker geben und gut schütteln, bis es schäumt.

3. Über ein Sieb den Mix in das vorgekühlte Glas auf frische Eiswürfel geben. Hierdurch kühlt das Getränk schneller ab.

LADYLOVE

Vom LadyLove Drink gibt es mehrere Varianten, wie bei sicherlich allen Cocktails. Ich stelle Ihnen natürlich die mit Gin vor.

Zutaten für 1 Glas:

2 cl Gin

4 cl Malibu

2 cl Grenadine

1 cl Zitronensaft (vorzugsweise frisch gepresst)

6 cl Orangensaft (vorzugsweise frisch gepresst)

4 cl Maracujasaft (vorzugsweise frisch gepresst)

Eiswürfel

Weiterhin brauchen Sie zum Mixen einen Shaker.

Zubereitung:

Die Zubereitung ist äußerst einfach. Vermischen Sie alle Zutaten in einem Shaker und geben Sie das Ergebnis in ein Glas.

Hinweis:

Zur Dekoration eignen sich Orangenscheiben sowie eine Himbeere.

LAST WORD

Der Last Word Cocktail ist ein traditioneller Drink.

Zutaten für 1 Glas:

2 cl Gin

2 cl Grüner Chartreuse

2 cl Maraschino

2cl Limettensaft (vorzugsweise frisch gepresst)

Eiswürfel

Zudem benötigen Sie einen Shaker.

Zubereitung:

1. Mischen Sie alle Zutaten im Shaker zusammen und schütteln diesen kräftig.

2. Dann wird die Mischung in ein Glas gegeben.

3. Servieren.

LIBERTINY

Der Libertiny ist ein einfacher und geschmacklich interessanter Drink zugleich.

Zutaten für 1 Glas:

3 cl Gin

3 cl Blue Curacao

2 cl Limettensaft (vorzugsweise frisch gepresst)

Eiswürfel

Des Weiteren wird ein Shaker benötigt.

Zubereitung:

Geben Sie alles zusammen in den Shaker und schütten es nach dem Schütteln in ein Glas. Zur Dekoration eignen sich Limettenscheiben.

LIQUID FIRE

Der Liquid Fire macht seinem Namen alle Ehre, wenn man ihn korrekt zubereitet. Bei diesem Drink sollte das Mixen ein echter Hingucker sein.

Zutaten für 1 Glas:

1 cl Gin

1 cl brauner Rum

1cl Tequila

1 cl Wodka

3 cl Triple Sec

Zubereitung:

1. Mischen Sie alle Zutaten in einem Glas zusammen und zünden es an.

2. Während der Flamme den Drink in ein Trinkglas gießen. Aber Achtung: Damit dies ein Hingucker wird und das „Liquid Fire" richtig hervorkommt, sollte dies langsam geschehen, während Sie das Glas, aus welchem Sie schütten, nach oben ziehen.

Hinweis:

Nach dem kontrollierten Brand sollten Sie nicht an dem Getränk riechen. Es riecht bei Weitem nicht so gut wie es schmeckt.

LOCO KULAU

Der Loco Kulau ist ein sehr interessanter Drink. Dies macht allein schon sein Auftritt, es gilt: Das Auge trinkt mit.

Zutaten für 1 Glas:

2 cl Gin

2 cl Triple Sec

2 cl Prosecco

2 cl Ginger Ale

2 cl Mangosirup

1 cl Erdbeersirup

Saft einer halben Zitrone

1 Kokosnuss

Eiswürfel

Außerdem benötigen Sie einen Shaker.

Zubereitung:

1. Hüllen Sie die Kokosnuss so aus, dass man daraus trinken kann.

2. Füllen Sie die leere Kokosnuss mit Eiswürfeln.

3. Füllen Sie den Mixer mit allen Zutaten außer dem Ginger Ale und dem Prosecco.

4. Nach dem Schütteln geben Sie das Getränk in die Kokosnuss über die Eiswürfel.

5. Mit Ginger Ale und Prosecco auffüllen.

Hinweis:

Zur Dekoration eignet sich eine schöne große Blüte.

LONDON FEVER

Der London Fever ist ein süßer, aber erfrischender Drink.

Zutaten für 1 Glas:

3 cl Gin

2 cl weißer Rum

3 cl Zitronensaft oder wahlweise Limettensaft (vorzugsweise frisch gepresst)

1 cl Grenadine

Soda

Eiswürfel

Außerdem benötigen Sie einen Shaker. Zudem wird ein Sieb benötigt.

Zubereitung:

1. Geben Sie alles bis auf das Soda in den Shaker und schütteln es.

2. Über das Sieb geben Sie die Mischung in ein Glas.

3. Mit Soda auffüllen.

Hinweis:

Stellen Sie sicher, dass das Soda für diesen Cocktail ziemlich kalt ist. Da der Drink ohne Eiswürfel serviert wird, ist es von Vorteil eiskaltes Soda zu nutzen.

LOUISIANA

Der Louisiana ist ein herber Shortdrink und nicht mit dem Louisiana Sour zu verwechseln, den man ohne Gin zubereitet.

Zutaten für 1 Glas:

2 cl Gin

2 cl Apricot Brandy

2 cl Grapefruitsaft (vorzugsweise frisch gepresst)

Eiswürfel

Außerdem benötigen Sie einen Shaker. Zudem wird ein Sieb benötigt.

Zubereitung:

1. Alle Zutaten in den Shaker geben und kräftig schütteln.
2. Über das Sieb in ein Glas schütten.
3. Genießen.

Hinweis:

Die Mischung können Sie kürzen oder verdoppeln, wichtig ist hier, dass alle Zutaten zu gleichen Teilen verwendet werden.

LUCKY GRIZZLY

Der Lucky Grizzly in mit vielen Säften ein fruchtiger Cocktail, der jedoch nicht zu süß schmeckt.

Zutaten für 1 Glas:

2 cl Gin

2 cl Pfirsichlikör

1 cl Grenadine

6 cl Maracujanektar (vorzugsweise frisch gepresst)

4 cl Grapefruitsaft (vorzugsweise frisch gepresst)

Eiswürfel

Weiterhin wird ein Shaker benötigt. Außerdem brauch Sie ein Sieb.

Zubereitung:

1. Geben Sie alle Zutaten in den Shaker und schütteln diesen.

2. Über ein Sieb die Mischung in ein frisches Glas mit Eiswürfeln schütten. Hierdurch kühlt das Getränk schneller ab.

3. Dekorieren Sie den Drink mit ein wenig Grapefruit.

MANHATTAN (NO. 2)

Der Manhattan No. 2 ist nicht mit dem Manhattan zu vergleichen. Tatsächlich ist der offizielle Name des Cocktails mit Gin mit dem Zusatz No. 2 versehen.

Zutaten für 1 Glas:

4 cl Gin

2 cl roter Wermut (Vermouth Rosso)

1 cl Angostura Bitter

Eiswürfel

Zubereitung:

Die Zubereitung ist äußerst einfach. Geben Sie alle Zutaten in ein Glas und rühren es vor dem Servieren um.

MILKY WAY

Bei Milky Way denken viele wohl zunächst an den Schoko-Riegel, dann an die Milchstraße. Doch es gibt auch einen Cocktail, der diesen Namen trägt.

Zutaten für 1 Glas:

3 cl Gin

3 cl Amaretto

2 cl Erdbeersirup

6 cl Ananassaft (vorzugsweise frisch gepresst)

Eiswürfel

Weiterhin wird ein Shaker benötigt. Außerdem brauch Sie ein Sieb.

Zubereitung:

1. Geben Sie alle Zutaten in den Shaker und schütteln diesen.

2. Über ein Sieb die Mischung in ein frisches Glas mit Eiswürfeln schütten. Hierdurch kühlt das Getränk schneller ab.

MILLION DOLLAR COCKTAIL

Der Million Dollar Cocktail ist ein edles Getränk, was man nach einem Abendessen reicht.

Zutaten für 1 Glas:

4 cl Gin

2 cl roter Wermut (Vermouth Rosso)

2 cl Ananassaft (vorzugsweise frisch gepresst)

1 cl Grenadine

Wahlweise Eiweiß eines Eis

Eiswürfel

Weiterhin wird ein Shaker benötigt.

Zubereitung:

1. Vorab ein Glas kaltstellten.
2. Geben Sie alle Zutaten in den Shaker und schütteln diesen.
3. Das Gemisch in das kalte Glas füllen.

MINDLOVE

Der Mindlove wird mit Sahen hergestellt und mit Erdbeeren dekoriert.

Zutaten für 1 Glas:

4 cl Gin

2 cl Prosecco

10 cl Orangensaft (vorzugsweise frisch gepresst)

2 cl Sahne

2 cl Maracujasaft (vorzugsweise frisch gepresst)

Außerdem ist ein Shaker von Nöten.

Zubereitung:

1. Vorab ein Glas kaltstellten.

2. Geben Sie alle Zutaten in den Shaker und schütteln diesen.

3. Das Gemisch in das kalte Glas füllen.

MOIDEL`S FLASH

Der Moidel`s Flash hat es in sich. Er ist ein großer Cocktail und schmeckt hervorragend.

Zutaten für 1 (sehr großes) Glas:

2 cl Gin

2 cl weißer Rum

2 cl Wodka

2 cl Pfirsichlikör

Bis zu 2 cl Kokossirup

10 cl Ananassaft (vorzugsweise frisch gepresst)

2 cl Lime Juice

2 cl Lemon Squash

10 cl Maracujanektar (vorzugsweise frisch gepresst)

Eiswürfeln sowie Crushed Eis

Zudem wird ein Shaker benötigt. Weiterhin brauchen Sie ein Sieb.

Zubereitung:

1. Geben Sie alle Zutaten mit den Eiswürfeln in den Shaker und schütteln das Gemisch.

2. Füllen Sie ein Glas mit Crushed Eis.

3. Über das Sieb den Drink in das mit Crushed Eis gefüllte Glas geben. Hierdurch kühlt das Getränk schneller ab.

Hinweis:

Zur Dekoration eignet sich eine Ananasscheibe.

NEGRONI

Der Negroni ist ein italienischer Aperitif und einfach in der Zubereitung.

Zutaten für 1 Glas:

3 cl Gin

3 cl Campari

3 cl roter Wermut (Vermouth Rosso)

Eiswürfel

Zubereitung:

Füllen Sie alles in ein Glas und rühren es einmal gut um.

Hinweis:

Wenn Sie Dekoration wünschen, eignet sich eine Orangenscheibe.

ORANGE BLOSSOM

Der Orange Blossom strotzt mit seinem Orangen-Geschmack.

Zutaten für 1 Glas:

4 cl Gin

4 cl Orangensaft (vorzugsweise frisch gepresst)

Eiswürfel

Zubereitung:

Die Zubereitung ist äußerst einfach. Geben Sie beide Getränke in ein Glas mit Eiswürfel und rühren Sie es um. Hierdurch kühlt das Getränk schneller ab.

Als Dekoration eignet sich eine Orangenscheibe.

Hinweis:

Eigentlich wird der Orange Blossom mit einer 1 zu 1 Mischung gemixt. Sollte Ihnen das nicht schmecken, können Sie natürlich auch mehr Orangensaft nehmen.

OUZO LAIKADA

Der Ouzo Laikada wird, wie der Name schon sagt, mit Ouzo hergestellt. Dieser Cocktail ist etwas für Feinschmecker.

Zutaten für 1 Glas:

2 cl Gin

2 cl Ouzo

2 cl Crème de Bananes

1 cl Maracujasirup

8 cl Orangensaft (vorzugsweise frisch gepresst)

Eiswürfel

Weiterhin wird ein Shaker benötigt. Außerdem brauch Sie ein Sieb.

Zubereitung:

1. Geben Sie alle Zutaten in den Shaker und schütteln diesen.
2. Über ein Sieb die Mischung in ein frisches Glas schütten.

Hinweis:

Zur Dekoration können Sie natürlich Orangenscheiben nutzen, Bananenstücke sind jedoch auch sehr beliebt.

PARADISE

Der Paradise ist ein fruchtiger Cocktail, der es jedoch in sich hat. Die Zubereitung ist schnell.

Zutaten für 1 Glas:

4 cl Gin

2 cl Apricot Brandy

4 cl Orangensaft (vorzugsweise frisch gepresst)

Eiswürfel

Zudem benötigen Sie einen Shaker.

Zubereitung:

Zur Fertigstellung geben Sie alles in den Shaker, schütteln diesen und füllen das Getränk in ein Glas um.

Hinweis:

Zur Dekoration eignen sich Orangenscheiben.

PINK BUBBLES

Der Name Pink Bubbles ist Programm.

Zutaten für 1 Glas:

4 cl Gin

4 cl Triple Sec

3 cl Zuckersirup

3 cl Grenadine

2 cl Limettensaft (vorzugsweise frisch gepresst)

2 cl Zitronensaft (vorzugsweise frisch gepresst)

15 cl Ananassaft (vorzugsweise frisch gepresst)

Eiswürfel

Weiterhin wird ein Shaker benötigt.

Zubereitung:

1. Geben Sie alle Zutaten in den Shaker und schütteln diesen.
2. Schütten Sie die Mischung in ein frisches Glas.

Hinweis:

Seit es „kleiner Feigling" auch in der Geschmacksrichtung Bubble Gum gibt, gibt es auch einen Pink Bubbles mit eben diesem Getränk. Dies ist jedoch nicht mit dem Pink Bubbles mit Gin zu vergleichen.

PINK GIN CHAMPAGNE

Der Pink Gin Champagne wird mit dem Pink Gin zubereitet. Es ist ein moderner, hauptsächlich auf Frauen abgestimmter Gin, der langsam die Supermärkte erobert. Selbstverständlich kann er auch von Männern verzehrt werden.

Zutaten für 1 Glas:

4 cl Pink Gin

Champagner

1 cl Erdbeersirup

Eiswürfel

Erdbeeren

Zubereitung:

Die Zubereitung des Pink Gin Champagne könnte einfacher nicht sein.

1. Geben Sie Eiswürfel in ein Glas und fügen Sie den Pink Gin hinzu. Hierdurch kühlt das Getränk schneller ab.

2. Sirup hinzugeben und rühren.

3. Füllen Sie das Glas mit Champagner auf.

4. Mit den Erdbeeren dekorieren.

Hinweis:

Die Erdbeeren sowie der Sirup können nach Wahl ausgetauscht werden. Hier ist nur darauf zu achten, dass Sie süße Früchte nehmen. Zum Beispiel Himbeeren.

PINK GIN ERDBEER CRUSH

Der Pink Gin Erdbeer Crush eignet für sommerliche Party Nächte.

Zutaten für 1 Glas:

3 cl Pink Gin

3 cl Limettensaft (vorzugsweise frisch gepresst)

2 cl Erdbeersirup

150 ml Soda

4 Erdbeeren

Crushed Eis

Außerdem benötigen Sie einen Pürierstab.

Zubereitung:

1. Waschen Sie die Erdbeeren und zerkleinern diese.
2. Erdbeeren mit Crushed Eis, Limettensaft und dem Sirup pürieren.
3. Geben Sie den Pink Gin hinzu.
4. Füllen Sie die Mischung in ein Glas und geben Sie Soda hinzu.

PINK GIN SPRITZ

Der Pink Gin Spritz ist das letzte Rezept in diesem Buch, welches auf den Pink Gin zugeschnitten ist. Seine Farbe ist zwar nicht pink, dennoch schmeckt er süß und exotisch.

Zutaten für 1 Glas:

4 cl Pink Gin

1 cl Aperol

Prosecco

Früchte nach Wahl

Eiswürfel

Zubereitung:

1. Eiswürfel und die Früchte in ein Glas geben.

2. Pink Gin und Aperol dazu schütten. Hierdurch kühlt das Getränk schneller ab.

3. Mit Prosecco auffüllen und kurz umrühren.

Hinweis:

Zur Dekoration eignen sich die Früchte, die Sie ausgewählt haben. Oder frische Minze.

PINK LADY

Die Pink Lady ist vor allem eins: Pink!

Zutaten für 1 Glas:

4 cl Gin

2 cl Cointreau

1 cl Grenadine

1 cl Zitronensaft (vorzugsweise frisch gepresst)

Eiswürfel

Weiterhin wird ein Shaker benötigt. Außerdem brauch Sie ein Sieb.

Zubereitung:

1. Geben Sie alle Zutaten in den Shaker und schütteln diesen.

2. Über ein Sieb die Mischung in ein frisches Glas schütten.

Hinweis:

Wollen Sie den pinken Drink eher in einem zarten Rosa haben, gibt es noch eine Abwandlung. Geben Sie ein Eiweiß eines Eis und ein wenig Puderzucker mit in den Shaker. Voila, Sie haben einen anderen Drink.

PINK ROSE

Die Pink Rose ähnelt der Pink Lady in seiner Abwandlung mit dem Eiweiß sehr. Dennoch ist gibt es noch einen weiteren feinen Unterschied.

Zutaten für 1 Glas:

5 cl Gin

1 cl Grenadine

1 cl Zitronensaft (vorzugsweise frisch gepresst)

2 cl Sahne

1 Eiweiß

Eiswürfel

Weiterhin wird ein Shaker benötigt. Außerdem brauch Sie ein Sieb.

Zubereitung:

1. Geben Sie alle Zutaten in den Shaker und schütteln diesen.
2. Über ein Sieb die Mischung in ein frisches Glas schütten.

PURPLE HAZE

Der Purple Haze bietet zur Abwechslung mal ein lila Aussehen. Zudem ist die Zubereitung sehr einfach.

Zutaten für 1 Glas:

4 cl Gin

2 cl Blue Curacao

2 cl Grenadine

Tonic Water

Crushed Eis

Zubereitung:

1. Geben Sie alles bis auf das Tonic Water in den Shaker.

2. Shake, shake, shake.

3. Die Mischung in ein Glas abfüllen und mit Tonic Water auffüllen.

RED GIN

Der Red Gin ist geschmacklich eher süß und überzeugt mit einer Kirschnote.

Zutaten für 1 Glas:

3 cl Gin

2 cl Kirschlikör

1 cl Limettensaft (vorzugsweise frisch gepresst)

Weiterhin benötigen Sie einen Shaker.

Zubereitung:

1. Vor dem Mixen ein Glas kaltstellen, bis es richtig eisig ist (nicht gefroren).

2. Zutaten im Shaker schütteln.

3. Anschließend in das kalte Glas schütten.

Hinweis:

Zur Dekoration eignen sich Kirschen oder wahlweise eine Limettenscheibe.

RED HOURS

Beim Red Hours sieht man Rot.

Zutaten für 1 Glas:

2 cl Gin

2 cl roter Wermut (Vermouth Rosso)

5 cl Traubensaft (vorzugsweise rot)

1 cl Limettensaft (vorzugsweise frisch gepresst)

Zucker

Eiswürfel

Weiterhin benötigen Sie einen Shaker.

Zubereitung:

1. Vor dem Start tunken Sie das Glas, in welchem Sie den Cocktail servieren wollen in den Limettensaft. Danach tupfen Sie es in den Zucker, um einen Zuckerrand zu zaubern.

2. Den Gin, den Wermut und den Traubensaft im Shaker schütteln.

3. Anschließend in das Glas mit dem Zuckerrand schütten.

4. Zum Schluss geben Sie noch wenige Spritzer Limettensaft hinzu.

RED PASSION

Es gibt verschiedene Red Passion Rezepte. Warum? Weil jeder allein einzigartig ist. Wenn Sie sich diese Rezepte genau ansehen, merken Sie schnell, dass sie jedoch nichts miteinander gemeinsam haben, da die Zutaten je nach Alkoholzugabe anders sind.

Zutaten für 1 Glas:

3 cl Dry Gin

20 cl Cranberry Saft

Frische Basilikumblätter

Eiswürfel

Weiterhin benötigen Sie einen Shaker.

Zubereitung:

1. Als erstes geben Sie die Basilikumblätter in den Shaker und zerstampfen diese.
2. Dann fügen Sie den Rest der Zutaten in den Shaker und kräftig schütteln.
3. Den Mix in ein Trinkglas geben.
4. Mit Basilikum dekorieren. Wahlweise Cranberrys.

Hinweis:

Wenn Sie das Aroma von Basilikum nicht mögen, können Sie dies auch weglassen. Auch ohne den Zusatz ist es noch ein original Red Passion.

RED SNAPPER

Der Red Snapper ist sozusagen die Bloody Mary unter den Gin Drinks.

Zutaten für 1 Glas:

5 cl Gin

12 cl Tomatensaft

1 cl Zitronensaft (vorzugsweise frisch gepresst)

1 cl Worcestersauce

Spritzer Tabasco

Pfeffer und Salz

Eiswürfel

Zubereitung:

1. Geben Sie alle flüssigen Zutaten außer dem Tomatensaft in ein Glas und verrühren alles.

2. Mit Tomatensaft auffüllen.

3. Nach Geschmack würzen.

4. Noch einmal rühren und servieren.

SILVER JUBILEE

Der Silver Jubilee ist ein cremiger Cocktail, der einfach in der Zubereitung ist.

Zutaten für 1 Glas:

3 cl Gin

3 cl Bananenlikör (Crème de Bananes)

4 cl Sahne

Eiswürfel

Weiterhin wird ein Shaker benötigt. Außerdem brauch Sie ein (Bar) Sieb.

Zubereitung:

1. Geben Sie alle Zutaten in den Shaker und schütteln diesen.

2. Über ein Sieb die Mischung in ein frisches Glas schütten.

Hinweis:

Zur Dekoration eignet sich ein Stück Banane.

SUMMER COOLER

Der Summer Cooler ist ein erfrischender Drink, der an Sommernächte erinnert.

Zutaten für 1 Glas:

4 cl Gin

1 cl Mandelsirup

14 cl Orangensaft (vorzugsweise frisch gepresst)

2 cl Zitronensaft (vorzugsweise frisch gepresst)

Eiswürfel

Zudem wird ein Shaker benötigt.

Zubereitung:

1. Geben Sie die flüssigen Zutaten in den Shaker und schütteln diesen.

2. Die Eiswürfel in ein Glas geben (ca. 4 Stück).

3. Den gemischten Drink über die Eiswürfel in das Glas schütten. Hierdurch kühlt das Getränk schneller ab.

SWEET DREAM

Der Sweet Dream ist, anders als sein Name sagt, nicht süß, sondern eher feinherb.

Zutaten für 1 Glas:

2 cl Gin

6 cl Champagner

1 cl Grand Marnier

1 cl Crème de Cassis

1 cl Zitronensaft (vorzugsweise frisch gepresst)

1 cl Orangensaft (vorzugsweise frisch gepresst)

Zudem benötigen Sie einen Shaker.

Zubereitung:

1. Stellen Sie das Glas, in dem Sie den Drink servieren wollen, vorab kalt.

2. Mixen Sie alle alkoholischen Zutaten in einem Shaker zusammen.

3. Füllen Sie den Mix in das kalte Glas geben am Ende noch die Säfte hinzu.

Hinweis:

Es ist auch möglich, den Drink mit Crushed Eis zu mixen. Dann benötigen Sie noch ein (Bar) Sieb, um die Eiswürfel nach dem Shaken herauszufiltern.

TANGO

Für den Tango gibt es viele verschiedene Rezepte. Die meisten haben unterschiedliche Basen, weshalb ich Ihnen hier das Rezept mit Gin vorstelle.

Zutaten für 1 Glas:

2 cl Gin

2 cl roter Wermut (Vermouth Rosso)

2 cl Cointreau

8 cl Orangensaft (vorzugsweise frisch gepresst)

2 cl Zitronensaft (vorzugsweise frisch gepresst)

Eiswürfel und Crushed Eis

Weiterhin wird ein Shaker benötigt. Außerdem brauch Sie ein Sieb.

Zubereitung:

1. Geben Sie alle Zutaten in den Shaker und schütteln diesen.

2. Über ein Sieb die Mischung in ein mit Crushed Eis gefülltes Glas schütten. Hierdurch kühlt das Getränk schneller ab.

Hinweis:

Zur Dekoration eignen sich Orangen- oder Zitronenscheiben. Des weiteren können Sie mit Cocktailkirschen arbeiten.

TOM COLLINS

Der Tom Collins ist ein Klassiker, wie der Gin Fizz oder der Gin Sour. Sie ähneln sich alle ein wenig, wobei der Tom Collins dem Gin Fizz näher kommt. Ein wichtiger Unterschied ist jedoch, dass der Tom Collins gerührt wird.

Zutaten für 1 Glas:

5 cl Gin (Old Tom Gin)

2 cl Zuckersirup

3 cl Zitronensaft (vorzugsweise frisch gepresst)

Soda

Eiswürfel

Zubereitung:

1. Obwohl man bei den meisten Getränken zuerst die Eiswürfel in das Glas gibt, wird es beim Tom Collins anders gemacht. Geben Sie zuerst den Gin, den Sirup und den Zitronensaft in ein Glas.

2. Umrühren.

3. Nun nach Geschmack Eiswürfel hinzugeben.

4. Mit dem Soda (vorzugsweise kalt) auffüllen.

Hinweis:

Der Tom Collins ist nur dann ein Original, wenn er mit dem Old Tom Gin zubereitet wird.

Zur Dekoration eignet sich, neben einer Zitronenscheibe, eine Cocktailkirsche.

TROPIC BITTER

Der Tropic Bitter ist, wie der Name bereits andeutet, ein bitteres Getränk.

Zutaten für 1 Glas:

2 cl Gin

2 cl Cinzano Bitter (wahlweise Campari Bitter)

2 cl Cointreau

4 cl Orangensaft (vorzugsweise frisch gepresst)

10 cl Bitter Lemon (wahlweise Orange Bitter)

Eiswürfel

Weiterhin wird ein Shaker benötigt. Außerdem brauch Sie ein Sieb.

Zubereitung:

1. Geben Sie alle Zutaten bis auf Bitter Lemon (oder Orange Bitter) in den Shaker und schütteln diesen kräftig.

2. Über ein Sieb in ein Glas abfüllen.

3. Mit Bitter Lemon (oder Orange Bitter) auffüllen.

Hinweis:

Sie können dieses Getränk auch ohne Shaker und Sieb zubereiten. Hier empfiehlt sich das Glas so weit wie möglich mit Eiswürfeln zu befüllen und die Mischung kräftig umzurühren.

TROPIC CAMPARI

Der Tropic Campari ist ähnlich wie der Tropic Bitter, unterscheidet sich jedoch vor allem in einer Zutat.

Zutaten für 1 Glas:

2 cl Gin

3 cl Campari Bitter

2 cl Grand Marnier

4 cl Orangensaft (vorzugsweise frisch gepresst)

15 cl Orange Bitter (wahlweise Bitter Lemon)

Eiswürfel

Weiterhin ist ein Shaker von Nöten.

Zubereitung:

1. Alle Zutaten außer Orange Bitter (oder Bitter Lemon) in den Shaker geben und schütteln.

2. In ein Glas umfüllen.

3. Mit Orange Bitter (oder Bitter Lemon) auffüllen.

Hinweis:

Beim Tropic Campari ist Campari Bitter eine Grundzutat, die nicht ausgetauscht werden sollte.

TROPICAL RED

Der Tropical Red ist einfach zuzubereiten, wundern Sie sich jedoch nicht über die Farbe: der Drink wirkt eher orange.

Zutaten für 1 Glas:

2 cl Gin

3 cl Orangenlikör

6 cl Orangensaft (vorzugsweise frisch gepresst)

6 cl Grapefruitsaft (vorzugsweise frisch gepresst)

Eiswürfel

Weiterhin wird ein Shaker benötigt. Außerdem brauch Sie ein Sieb.

Zubereitung:

1. Geben Sie alle Zutaten in den Shaker und schütteln diesen.
2. Über ein Sieb die Mischung in ein Glas schütten.

TROPICAL DERBY

Der Tropical Derby sieht exotisch aus und wird Sie an tropische Nächte erinnern.

Zutaten für 1 Glas:

6 cl Gin

2 cl Grenadine

8 cl Orangensaft (vorzugsweise frisch gepresst)

8 cl Maracujasaft (vorzugsweise frisch gepresst)

8 cl Ananassaft (vorzugsweise frisch gepresst)

1 cl Zitronensaft (vorzugsweise frisch gepresst)

Eiswürfel

Weiterhin wird ein Shaker benötigt. Außerdem brauch Sie ein Sieb.

Zubereitung:

1. Geben Sie alle Zutaten in den Shaker und schütteln diesen.

2. Über ein Sieb die Mischung in ein mit frischen Eiswürfeln gefülltes Glas schütten. Hierdurch kühlt das Getränk schneller ab.

Hinweis:

Zur Dekoration eignet sich eine Orangenscheibe.

TROUBLEMAKER

Der Troublemaker macht seinen Namen ... nicht unbedingt alle Ehre. Es ist ein leckerer Cocktail, der dazu einfach in der Zubereitung ist. Wer nun allerdings einen schnellen Schwips erwartet, denkt falsch.

Zutaten für 1 Glas:

4 cl Gin

2 cl Apricot Brandy

1 cl Zitronensaft (vorzugsweise frisch gepresst)

1 cl Grenadine

Eiswürfel

Weiterhin wird ein Shaker benötigt. Außerdem brauch Sie ein Sieb.

Zubereitung:

1. Geben Sie alle Zutaten in den Shaker und schütteln diesen.

2. Über ein Sieb die Mischung in ein mit frischen Eiswürfeln gefülltes Glas schütten. Hierdurch kühlt das Getränk schneller ab.

Hinweis:

Zur Dekoration eignet sich eine Zitronenscheibe.

VAMPIRE VARIANTE 1

Es gibt für den Vampire wieder mal viele Rezepte. Ich zeige Ihnen hier zwei auf. Als erstes einen ganz simplen und danach mein Lieblingsrezept. Die Variante 1 ist eine saure Form des Vampires.

Zutaten für 1 Glas:

3 cl Gin

3 cl trockener Wermut (Vermouth Dry)

2 cl Limettensaft (vorzugsweise frisch gepresst)

Außerdem ist ein Shaker von Nöten.

Zubereitung:

1. Stellen Sie das Glas, in dem Sie den Drink servieren wollen, vorab kalt.

2. Mixen Sie den Gin und den Wermut im Shaker.

3. Schütten Sie den Mix in das kalte Glas und fügen Sie den Limettensaft hinzu.

Hinweis:
Hier wird auf Dekoration verzichtet.

VAMPIRE VARIANTE 2

Dieses Rezept ist eins meiner Lieblinge. Vor allem für Themenpartys und an Halloween wird dieser Drink ein echter Hingucker sein.

Zutaten für 1 Glas:

2 cl Gin

2 cl Wodka

3 cl Rum (vorzugsweise weißer Rum)

4 cl Sahne

2 cl Mandelsirup

6 cl Ananassaft (vorzugsweise frisch gepresst)

1 cl Maracujasaft (vorzugsweise frisch gepresst)

1 cl Grenadine

Crushed Eis

Eiswürfel

Weiterhin benötigen Sie einen Shaker.

Zubereitung:

1. Befüllen Sie den Shaker mit Eiswürfeln und allen flüssigen Zutaten außer Grenadine.

2. Geben Sie in das leere Glas Crushed Eis und füllen Sie den Mix aus dem Shaker hinein.

3. Am Ende gießen Sie den Grenadine langsam und vorzugsweise am Rand entlang, sodass die Flüssigkeit am Glasrand (innen) zum Boden rinnt.

Hinweis:

Sollte Ihnen der Drink zu wässrig sein, können Sie auf das Crushed Eis verzichten.

VANITY

Der Vanity bietet ein schönes Bild, wenn man ihn zum Schluss mit einer Physalis dekoriert.

Zutaten für 1 Glas:

2 cl Gin

2 cl Blue Curacao

1 cl Grenadine

2 cl Zitronensaft (vorzugsweise frisch gepresst)

3 cl Ananassaft (vorzugsweise frisch gepresst)

Eiswürfel

Außerdem benötigen Sie einen Shaker.

Zubereitung:

Die Zubereitung ist äußerst einfach. Geben Sie alle Zutaten zusammen in den Shaker, schütteln diesen und geben am Ende alles in ein Glas.

WAIKIKI BEACHCOMBER

Der Waikiki Beachcomber wird als starker Drink bezeichnet. Zudem ist er an den Martini angelehnt.

Zutaten für 1 Glas:

3 cl Gin

2 cl Cointreau

1 cl Ananassaft (vorzugsweise frisch gepresst)

Weiterhin wird ein Shaker benötigt. Außerdem brauch Sie ein Sieb.

Zubereitung:

1. Stellen Sie vor dem Mixen ein Glas kalt.

2. Geben Sie alle Zutaten in den Shaker und schütteln diesen.

3. Über ein Sieb die Mischung in das gekühlte Glas schütten.

WELCOME STRANGER

Der Welcome Stranger – oder auch schlicht Welcome genannt – besticht mit seinem mittelsüßen Geschmack.

Zutaten für 1 Glas:

2 cl Gin

2 cl Brandy

2 cl Grenadine

2 cl Orangensaft (vorzugsweise frisch gepresst)

2 cl Zitronensaft (vorzugsweise frisch gepresst)

Eiswürfel

Zudem wird ein Shaker benötigt.

Zubereitung:

1. Fügen Sie alle Zutaten in den Shaker und schütteln diesen.

2. Nach dem Shaken füllen Sie alles in ein Glas um.

Hinweis:

Vor allem für die Weihnachtszeit empfiehlt sich die Zugabe von 1 bis 2 cl Schwedenpunsch.

WET MARTINA

Bei dem Wet Martina Drink kommt es auch die richtige Mengenzugabe an. Hier sollten Sie sich auf Ihren Geschmack verlassen.

Zutaten für 1 Glas:

4 cl Gin

2 cl Martini Bianco

6 cl Ananassaft (vorzugsweise frisch gepresst)

Eiswürfel

Weiterhin wird ein Shaker benötigt.

Zubereitung:

Die Zubereitung ist ganz einfach.

Geben Sie alles in den Shaker und füllen Sie den Drink, nach dem Schütteln, in ein Glas.

Hinweis:

Wie oben bereits erwähnt, kommt es stark auf die Menge der alkoholischen Flüssigkeiten an. Sie sollten nicht aufgeben, sollte Ihnen der Drink nach dem ersten Mal nicht zusagen. Probieren Sie gerne eine 1 zu 1 Mischung.

WHITE LADY

Der White Lady Cocktail ist ein echter Franzose und sicherlich nicht nur etwas für die Damenwelt.

Zutaten für 1 Glas:

2 cl Gin

2 cl Cointreau

2 cl Zitronensaft (vorzugsweise frisch gepresst)

Eiswürfel

Des Weiteren wird ein Shaker benötigt.

Zubereitung:

1. Fügen Sie alle Zutaten in den Shaker und schütteln diesen.

2. Nach dem Mixen füllen Sie alles in ein Glas um.

Hinweis:

Um dem Drink noch ein bisschen mehr Flair zu geben, können Sie noch Eiweiß eines Eis hinzufügen.

Alkoholfreie Cocktails

REGENBOGEN-COCKTAIL

Zutaten für 2 Gläser:
200 ml kaltes Mineralwasser mit viel Kohlensäure
1 Prise blaue Lebensmittelfarbe
400 ml Orangen-Mango-Saft
60 ml Grenadine
2 Spieße
Gummibärchen nach Belieben

Zubereitung:
Das Mineralwasser mit der Lebensmittelfarbe einfärben

Geben Sie den Orangen-Mango-Saft in zwei Cocktailgläser.

Fügen Sie dann die Grenadine über einen Teelöffel am Glasrand mit Gefühl ein. Dann entstehen verschiedene Farben in dem Cocktail – wie ein Regenbogen.

Das blaue Wasser genauso mit einem Teelöffel in das Glas einfüllen, damit sich die Farbe noch einmal verändert.

Stecken Sie die Gummibärchen nach Belieben auf die Spieße und dekorieren Sie das Glas mit Kreativität.

IPANEMA

Zutaten für 4 Gläser:
2 unbehandelte Limetten
4 EL Rohrzucker
8 cl Maracujasaft
24 cl Ginger Ale
Crushed Ice

Zubereitung:
Waschen Sie die Limette ab, dann abtrocknen und anschließend in feine Scheiben schneiden.

Verteilen Sie die Spalten in den Gläsern und etwas zerdrücken, damit sich frischer Saft bildet.

In jedes Glas etwa einen EL Zucker geben und verrühren beides miteinander verrühren.

Die Gläser mit Crushed Ice füllen und jeweils 2 cl Maracujasaft zugeben. Anschließend ordentlich verrühren.

Die Gläser nun mit Ginger Ale aufgiessen. Nach Belieben können Sie die Cocktails garnieren und sofort servieren.

VIRGIN SUNRISE

Zutaten für 4 Gläser:
300 ml Orangensaft
170 ml Ananassaft
4 TL frischer Zitronensaft
40 ml Grenadine
ein paar Eiswürfel

Zubereitung:
Nehmen Sie sich einen Cocktail-Shaker oder einen anderen Mixer und füllen Sie die drei Säfte hinein. Dann die Eiswürfel in die Gläser geben.

Füllen Sie zunächst die Saftmischung in die Gläser.

Langsam die Grenadine mit einem Löffel am Rand in die Gläser geben - dadurch entstehen die Farben des Cocktails.

Nach Belieben mit frischer Ananas oder Orangen garnieren und genießen.

NOJITO

Zutaten für 4 Gläser:

1 Bund frische Minze
2 unbehandelte Limetten
4 EL brauner Zucker
Crushed Ice
500 ml Ginger Ale

Zubereitung:

Waschen Sie die Minze und die Limetten. Danach abtrocknen und die Minzblätter von den Stängeln zupfen. Die Limetten in Spalten schneiden.

Verteilen Sie die Minze gleichmäßig auf die Gläser und zerdrücken Sie diese etwas. Nun die Limetten zugeben und ebenfalls zerdrücken.

Zuletzt je einen Esslöffel braunen Zucker in die Gläser füllen und mit Ginger Ale auffüllen. Die Gläser mit frischer Minze ganriert servieren.

MOJITO

Zutaten für 1 Glas:
200 ml Mineralwasser mit Kohlensäure
½ Limette
4 EL Crushed Ice
2 TL brauner Zucker
8 Blätter frische Minze

Zubereitung:
Die Limette waschen und die Enden abschneiden. Dann die Limette achteln und mit dem Rohrzucker in ein passendes Glas geben. Danach ge die Minze hinzugeben.

Die Limette und die Minze etwas zerdrücken, sodass ein wenig Saft austritt. Die Limette sollte aber nicht zerquetscht werden!

Jetzt wird das Crushed Ice ins Glas gegeben und mit Mineralwasser gefüllt.

Den fertigen Mojito nach Belieben noch mit Limettenscheiben oder etwas Minze garnieren.

ALLEGRO

Zutaten für 1 Glas:

3 Blätter Minze
2 cl Zuckersirup
2 cl Limettensaft
4 Eiswürfel
Mineralwasser

Zubereitung:

Die Minzeblätter mit dem Limettensaft und dem Zuckersirup in einem Cocktailglas zerdrücken.

Die Eiswürfel in das Glas geben und die Mischung mit dem Mineralwasser auffüllen..

MOSKITO

Zutaten für 1 Glas:

Eine Limette
8 Minzeblätter
2 EL Rohrzucker
10 cl Ginger Ale
Crushed Ice

Zubereitung:

Die Limette waschen, achteln und mit weißem Rohrzucker in einem Glas vermischen.

Das Glas mit Crushed Ice befüllen.

Die Minzeblätter is Glas geben, mit Ginger Ale auffüllen und ein umrühren.

HUGO

Zutaten für 4 Gläser:

350 ml Ginger Ale
70 ml Holunderblütensirup
Saft von zwei Limetten
1 Bio-Limette
1 Bio-Zitrone
3 frische Zweige Minze
400 ml kaltes Mineralwasser
ein paar Eiswürfel

Zubereitung:

Ginger Ale, Sirup und den frischen Limettensaft mischen. Dann die frischen Zweige Minze zugeben und das Ganze mit kalten Mineralwasser auffüllen.

Waschen Sie die Bio-Limette heiß ab und abtrocknen. In Scheiben schneiden und halbieren. Vier Scheiben übrig lassenund geben Sie die anderen Scheiben zu den restlichen Zutaten.

Füllen Sie vier große Gläser bis zur Hälfte mit Eiswürfeln oder auch Crushed Ice und gießen Sie die Gläser mit dem alkoholfreien Hugo auf. Jedes Glas wird dann mit einer Limettenscheibe garniert.

MOJITO MIT FRISCHER MANGO

Zutaten für 2 Gläser:
1 reife Mango
1 frische Limette
1 halbes Bund frische Minze
0,5 l kaltes Mineralwasser
ein paar Eiswürfel

Zubereitung:
Die reife Mango schälen und vorsichtig das Fruchtfleisch vom Kernm schneiden.

Halbieren Sie die Limette und pressen Sie den frischen Saft aus.

Das Fruchtfleisch der Mango, der Saft der Limette und etwa 12 Blätter Minze mit einem Standmixer oder Pürierstab fein pürieren.

Die Mischung auf zwei Gläser verteilen und je etwa 200 ml kaltes Mineralwasser dazu füllen.

In jedes Glas ein paar Eiswürfel geben und nach Belieben mit einem frischen Zweig Minze garnieren.

TONIC MIT KIRSCHE UND APFEL -

Zutaten für 1 Glas:
100 ml Tonic Water
50 ml Apfelsaft
100 ml Sauerkirschnektar
1 Spritzer frische Limette
2 frische Zweige Minze

Zubereitung:
Füllen Sie einen Shaker mit dem Kirschnektar. Ein paar Eiswürfel dazu geben. Zerkleinern Sie die Minze. Das Ganze wird nun für etwa 10 Sekunden kräftig geschüttelt.

Füllen Sie den Inhalt vom Shaker nun durch ein Sieb in ein passendes Glas. Nun wird das Glas mit Tonic Water und dem Apfelsaft aufgefüllt. Nach Belieben noch frische Spritzer Limettensaft dazugeben.

HAGEBUTTEN-COCKTAIL

Zutaten für 4 Gläser:
4 Beutel Hagebuttentee
2 EL Vanillesirup
2 EL Haselnusssirup
4 TL Zitronensaft
60 cl Ginger Ale
4 Vanilleschoten

Zubereitung:
Kochen Sie 400 ml Wasser in einem Wasserkocher auf und gießen über die Teebeutel gießen. Für etwa 7 Minuten ziehen lassen.

Teebeutel entfernen und den Tee abkühlen lasse.

Dann verrühren Sie den Vanillesirup mit dem Haselnusssirup. Den Zitronensaft und den Tee dazugeben.

Am besten größere Gläser (etwa 0,3 l) verwenden. Diese mit Eiswürfeln auffüllen und den fertigen Cocktail gleichmäßig hinein gießen. Füllen Sie jedes Glas mit etwas Ginger Ale auf.

Den Cocktail mit ganzen Vanilleschoten ganrieren.

SAN FRANCISCO

Zutaten für 1 Glas:
7 cl Ananassaft
2 cl Grenadine
7 cl Maracujasaft
1 Spritzer frischer Orangensaft
3 cl Zitronensaft
Eis

Zubereitung:
Zuerst einen Shaker mit dem Maracujasaft, dem Zitronensaft und dem Orangensaft auffüllen. Eiswürfel oder Crushed Ice zugeben und gründlich schütteln.

Ein großes Cocktailglas mit Eis füllen und den Cocktail darüber einfüllen.

Zunächst die Grenadine hineinfließen lassen, damit eine schöne Farbe entsteht.

Für die Dekoration befestigen Sie eine Orangenscheibe am Rand des Glases und genießen Sie den San Francisco sofort.

TROPICAL-COCKTAIL MIT FRISCHER ANANAS

Zutaten für 2 Gläser:
1 Ananas
3 Stängel frische Minze
200 ml frischer oder gekaufter Orangensaft
400 ml Mango-Maracuja-Saft
200 ml Ananassaft

Zubereitung:
Zuerst die Enden der Ananas abschneiden, schälen und in Viertel schneiden. Den Strunk entfernen und schneiden in kleine Stücke schneiden.

Waschen Sie die Minze, trocken tupfen und die Blättchen gemeinsam mit der Ananas auf Spieße stecken.

Nun vermengen Sie die Säfte miteinander und die Gläser mit Eiswürfeln füllen. Dekorieren Sie den fertigen Cocktail mit Ananas-Minze-Spießen.

WALDMEISTER COCKTAIL

Zutaten für 4 Gläser:
4 EL Waldmeistersirup
0,8 l kaltes Mineralwasser
0,8 l kalter Apfelsaft
etwas Crushed Ice
Brausepulver in verschiedenen Farben

Zubereitung:
Füllen Sie in eine große Flasche das Mineralwasser und geben Sie anschließend den Sirup dazu.

Nun füllen Sie dann einen Unterteller mit Wasser und geben Sie das unterschiedliche Brausepulver auf andere Unterteller.

Anschließend werden die Ränder der Gläser erst in das Wasser gehalten und anschließend in die verschiedenen Farben gedrückt, sodass ein schöner Rand entsteht.

Die Gläser danach zur Hälfte mit Crushed Ice füllen. Jetzt 150 ml Apfelsaft darüber geben und mit der Waldmeister-Mineralwassermischung auffüllen. Servieren Sie die Cocktails mit bunten Strohhalmen.

Ein idealer Cocktail für Kinder.

GREEN CADILLAC

Zutaten für 1 Glas:

Eine Limette
5 cl Pfefferminzsirup
5 cl Orangensaft
5 cl Maracujasaft
ein wenig Sodawasser
Eine Limettenscheibe
Eine Cocktailkirsche
Ein Minzezweig

Zubereitung:

Die Limette ausdrücken und ins Glas geben.

Die Säfte und den Pfefferminzsirup zugießen.

Das Glas mit Soda auffüllen.

Mit der Limettenscheibe, der Cocktailkirsche und dem Minzezweig den Cocktail garnieren.

SWEET FROG

Zutaten für 1 Glas:
10 cl Maracuja-Saft
10 cl Orangensaft
2 cl Ananassaft
1 cl Bananennektar
1 cl Blue Curacao (alkoholfrei)
Crushed Ice

Eine Kiwischeibe und ein Ananasstück zur Dekoration.

Zubereitung:
Den Orangensaft, Maracujasaft, Bananennektar, Ananassaft und alkoholfreiem Blue Curacao in einen Shaker geben und mit Crushed Ice auffüllen.

Für 30 Sekunden schütteln.

Etwas Crushed Ice in ein Cocktailglas geben und den Coktail durch ein Sieb darauf abseihen.

Mit einer Kiwischeibe und einem Ananasstück dekoriert, servieren.

MULTI COLADA

Zutaten für 2 - 4 Gläser:

1 Granatapfel
3 unbehandelte Limetten
1 Baby-Ananas
750 ml Vitaminsaft
160 ml Kokosmilch

Zubereitung:

Halbieren Sie den Granatapfel und entfernen die Kerne mit einem Löffel.

Eine Limette heiß abwaschen, trocknen lassen und in 8 Scheiben schneiden.

Die Ananas schälen und länglich in Viertel schneiden. Achten Sie darauf, dass die Blätter vorsichtig durchgetrennt werden. Zudem entfernen Sie den Strunk der Frucht.

Die restlichen Limetten halbieren.

Den Saft von einer Limette, den Vitaminsaft und die Kokosmilch in einen Shaker geben und gründlich mixen.

Nun 4 EL Granatapfelkerne und 4 Limettenscheiben auf je 2 Gläser aufteilen und mit dem Drink auffüllen. Je nach Größe der Gläser können Sie diesen Vorgang mit zwei weiteren Gläsern wiederholen.

Die Gläser mit der geschnittenen Ananas dekorieren.

MANGO-COCKTAIL MIT HOLUNDER

Zutaten für 1 Glas:
100 g Mangopüree
2 EL Holunderblütensirup
½ TL Kreuzkümmelsamen
100 g Zucker
50 ml Apfelessig
kaltes Mineralwasser
ein paar Eiswürfel

Zubereitung:
Schneiden Sie 100 g Mango von der Frucht ab und geben Sie sie in einen Mixer oder pürieren Sie sie mit einem Stab.

Das Püree gemeinsam mit den anderen Zutaten in einem Topf zugeben, außer dem Wasser und den Eiswürfeln.

Das Ganze aufkochen lassen und dann für etwa 10 Minuten köcheln, bis sich der Zucker aufgelöst hat. Am Ende entsteht ein Sirup.

Mischen Sie nun etwa 2 - 3 EL Sirup mit dem Mineralwasser und den Eiswürfeln.

SÜSSER MANGO-INGWER-COCKTAIL

Zutaten für 6 Gläser:

1 reife Mango
2 EL Holunderblütensirup
1 EL Zucker
5 cm Ingwerknolle
ein paar Eiswürfel
kaltes Mineralwasser

Zubereitung:

Stechen Sie im ersten Schritt mit einem kleinen Löffel oder mit einem Melonenausstecher kleine Kügelchen aus der Mango aus.

Ingwer in sehr feine Streifen scheiden.

Anschließend ca. 1 l Wasser mit dem Holunderblütensirup und dem Zucker in Gläser füllen.

Das Ganze mit der Mango und dem Ingwer schön anrichten. Abschließend werden die Gläser noch mit Mineralwasser und Eiswürfeln aufgefüllt.

VAMPIR COCKTAIL

Zutaten für 1 Glas:

10 cl Früchtetee (Getränk)
6 cl Blutorangensaft
1 cl Mandelsirup
1 cl Cream of Coconut
2 cl Limette Fruchtsaft
3 Eiswürfel

Eine Cocktailkirsche und eine Blutorangenscheibe zur Dekoration.

Zubereitung:

Alle Zutaten im Shaker auf 3 Eiswürfeln mixen.

In ein Cocktailglas abseihen und mit einer Cocktailkirsche und einer Blutorangenscheibe dekoriert servieren.

COCKTAIL MIT KIWI

Zutaten für 2 Gläser:
2 frische Kiwis
3 EL Orangensaft
3 EL Instant Haferflocken
2 frische Pfirsiche
150 g Kirschen aus dem Glas

Zubereitung:
Die Kiwis schälen und in kleine Stücke schneiden. Danach mit Orangensaft und mit 1 EL Instant-Haferflocken gemeinsam pürieren. Geben Sie die Mischung in 2 große Gläser.

Häuten Sie anschließend die Pfirsiche und zerkleinern Sie sie. Pürieren Sie auch diese mit 1 EL Haferflocken. Nun geben Sie die Masse auf die Kiwimischung.

Nun werden noch die Kirschen mit Haferflocken püriert. Diese dann auf die Pfirsiche geben, sodass am Ende drei schöne Schichten entstehen. Sofort servieren.

CHAI BUBBLE TEA LATTE

Zutaten für 1 Glas:
2 Päckchen Chai Tea
etwas Zimt
ein wenig Mandelsirup
Sojamilch
Tapioca Perlen

Zubereitung:
Die Sojamilch mit dem Chai Tea vermischen.

Danach etwas Zimt und Mandelsirup dazugeben.

Geben Sie die Tapioka Perlen dazu und genießen Sie das Getränk.

BOOSTER-COCKTAIL MIT HAGEBUTTE

Zutaten für 1 Glas:

200 ml abgekühlter Hagebuttentee
200 ml Kirschsaft
Saft einer halben Zitrone
etwas Schalenabrieb einer unbehandelten Zitrone
1 TL Apfeldicksaft

Zubereitung:

Kochen Sie 200 ml Wasser auf und geben Sie ein paar Teebeutel mit Hagebuttengeschmack dazu. Geben Sie bereits jetzt den Apfeldicksaft hinein, damit er sich gut auflöst. Dann ziehen lassen und warten, bis der Tee kalt geworden ist.

Alle Zutaten in einen Shaker geben und gründlich durchschütteln.

Den fertigen Cocktail mit Eiswürfel in Gläser füllen und mit frischem Obst dekorieren.

BEEREN-COCKTAIL

Zutaten für 4 Gläser:

350 g Beerenmischung
1 Apfel
1 Birne
1 Banane
0,8 l Molke
80 g Honig

Zubereitung:

Alle Beeren waschen. Anschließend einige schöne Beeren für die Dekoration zurücklegen. Diese Beeren dann auf Spieße stecken und zugedeckt an die Seite stellen.

Die Banane vierteln und den Apfel und die Birne in kleinere Stücke schneiden.

Alle Früchte in den Mixer geben. Dann die Molke und den Honig hinzugeben. Danach wird der Cocktail durch ein Sieb in Cocktailgläser gegeben.

Anschließend noch mit den Beerenspießen garnieren und mit einem Strohhalm servieren.

PINA COLADA

Zutaten für 1 Glas:

200 g Ananas (frisch oder aus der Dose)
30 g Proteinpulver im Vanille- oder Kokosgeschmack
1 TL Honig
1 EL Kokosraspeln
200 ml Kokosmilch von Alpro
200 ml Wasser
nach Wunsch etwas Eis

Zubereitung:

Die Kokosmilch, das Wasser und den Honig in einen Mixer geben. Danach kommen die Kokosraspeln, das Proteinpulver und die Ananas dazu.

Stecken Sie ein paar Ananasstückchen zur Dekoration auf einen Spieß und stecken Sie diesen in ein Glas.

Anschließend wird der Cocktail dazugegeben. Nach Wunsch noch ein paar Eiswürfel hinzufügen.

CINDERELLA

Zutaten für 1 Glas:

10 ml Orangensaft
10 ml Ananassaft
2 cl Sahne
2 cl Kokossirup
1 cl Grenadine
Eiswürfel

Zubereitung:
Alle Zutaten, bis auf die Grenadine, in einem Shaker gut schütteln.

Anschließend wird der Cocktail in ein Glas gegeben und die Grenandine darüber verteilen.

HIGH PROTEIN SMOOTHIE COCKTAIL

Zutaten für 2 Gläser:

200 g frische Ananas
150 g Magerquark
150 g Joghurt (0,1 % Fett)
100 ml Kokosmilch light
10 g Kokosflocken
1 frische Zitrone
nach Belieben etwas Eis

Zubereitung:

Die Ananas schälen und ca. 200 g davon abschneiden. Danach in kleine Stücke schneiden.

Nun werden die Stücke mit etwas Saft der Zitrone in einen Mixer gegeben. Kurz pürieren und dann noch die anderen Zutaten hinzufügen.

Den fertigen High Protein Smoothie Cocktail in zwei große Gläser gießen und nach Belieben noch Eis dazugeben.

BLAUBEER-BANANEN-COCKTAIL

Zutaten für 2 Gläser:

2 sehr reife Bananen
350 g Blaubeeren
20 cl Milch
2 Kugeln Vanilleeis
20 g brauner Zucker
etwas frischer Zitronensaft

Zubereitung:

Alle Zutaten, bis auf das Eis, in einen Mixer fein pürieren.

Füllen Sie den Cocktail in zwei große Gläser und geben je eine Kugel Eis dazu. Zunächst garnieren Sie die Getränke mit ein paar Blaubeeren und servieren Sie die Getränke mit einem Löffel.

GRÜNER SMOOTHIE COCKTAIL

Zutaten für 1 Glas:

1 Tasse Spinat oder Grünkohl (am besten gefroren)
2 Tassen mit verschiedenen Früchten
1 Tasse Wasser
1 Tasse Orangensaft
1 Tasse Mandelmilch
nach Belieben Gewürze wie z.B. Zimt oder Kurkuma

Zubereitung:

Verwenden Sie am besten einen Standmixer.

Zuerst die flüssigen Zutaten in den Mixer füllen und anschließend den Spinat und die verschiedenen Früchte.

Nach Belieben noch Gewürze dazu geben und mixen alles sehr fein mixen.

Anschließend in ein großes Glas füllen und nach Belieben noch etwas Eis hinzufügen.

ERDBEER-COCKTAIL

Zutaten für 1 Glas:
Erdbeeren nach Belieben
1 Zitrone
kaltes Mineralwasser zum Auffüllen
ein paar Eiswürfel

Zubereitung:
Die Hälfte der Zitrone auspressen und den Saft direkt in ein Glas geben.

Nach Belieben ein paar Eiswürfel hinzugeben.

Den Rest der Zitrone in kleine Stückchen schneiden und geben in das Glas geben.

Die Erdbeeren kleinschneiden und dazugeben. Drücken Sie den Saft mit einem Stab ein wenig aus.

Das Ganze mit kalten Wasser auffüllen. Garnieren Sie den Rand des Glases mit einer Erdbeere.

ERDBEER-COCKTAIL MIT MANDARINE

Zutaten für 1 Glas:

1 Zitrone
eine Handvoll Erdbeeren
2 Mandarinen
Rosmarinsirup, je nach gewünschter Süße
frische Minze
etwas Eis
kaltes Wasser mit oder ohne Kohlensäure

Zubereitung:

Die Erdbeeren und Mandarinen in einen Standmixer geben und pürieren.

Etwas Eis in ein Glas füllen und das Püree dazugeben.

Anschließend wird das Glas mit Wasser aufgefüllt. Füllen Sie dann etwas Sirup für die Süße dazu.

Nun kommt noch ein Spritzer frische Zitrone dazu.

Das Glas kann nach Wunsch mit frischer Minze verziert werden.

HUGO-BOWLE MIT ERDBEEREN

Zutaten für 1 Bowle:

500 g Erdbeeren
100 ml Holundergetränk
4 EL frischer Limettensaft
2 Limetten
10 Zweige frische Minze
0,5 l kaltes Wasser mit Kohlensäure
1 Flasche Limonade im Geschmack „Apfel- Holunderblüte"
Für die Eiswürfel:
½ Flasche Limonade im Geschmack „Apfel-Holunderblüte"
½ Flasche Limonade im Geschmack „Apfel-Rhabarber"

Zubereitung:

Die beiden Limonaden in Eiswürfelformen füllen und in das Gefrierfach geben, bis sie gefroren sind.

Die Erdbeeren waschen, putzen und in kleine Würfel schneiden.

Danach werden die Würfel mit dem Holundergetränk und mit dem Limettensaft vermischt. Anschließend für 30 Minuten in den Kühlschrank stellen und ziehen lassen.

Die zwei Limetten in feine Scheiben schneiden und mit der frischen Minze in ein großes Gefäß geben.

Mit kaltem Mineralwasser und der Limonade auffüllen.

Vor dem Servieren noch ein paar Eiswürfel in die Bowle geben.

FLAMINGO-COCKTAIL

Zutaten für 2 Gläser:

12 cl Orangensaft
2 cl Maracujasaft
2 cl frischer Zitronensaft
2 cl Grenadine
2 cl Mandelsirup
2 cl Grapefruitsaft
ein paar Eiswürfel
ein paar Zitronenscheiben

Zubereitung:

Den Orangensaft, den Maracujasaft, den frischen Zitronensaft, die Grenadine, den Mandelsirup und den Grapefruitsaft in einem Shaker miteinander vermischen.

Eiswürfel und die Zitronenscheiben anschließend in zwei Gläser geben.

Den Drink dazugeben und sofort servieren.

HAWAIIANISCHER LAVA FLOW COCKTAIL

Zutaten für 1 Glas:
4 - 5 frische Erdbeeren
6 cl Ananassaft
6 cl Sahne
ein Schuss Kokossirup
etwas Crushed Ice

Zubereitung:
Die Erdbeeren waschen, von den Blättern befreien und mit einem Stabmixer pürieren. Bei gefrorenen Erdbeeren sollte noch etwas Vanillezucker hinzugegeben werden.

Füllen Sie ein Glas zu einem Drittel mit dem Erdbeerpüree.

Das Crushed Ice, den Ananassaft, die Sahne und den Kokossirup in einen Shaker geben und kräftig schütteln, bis die Sahne schaumig ist.

Die Sahne aus dem Shaker auf das Erdbeerpüree gegeben.

Verrühren Sie die Sahne und das Püree von unten nach oben, so dass ein schönes Muster entsteht.

Nach Belieben noch eine Erdbeere auf den Rand stecken zur Verzierung.

FITNESS-COCKTAIL MIT FRISCHEN FRÜCHTEN

Zutaten für 1 große Karaffe:

5 - 6 Eiswürfel
4 Scheiben Zitrone
eine Handvoll Himbeeren
kaltes Mineralwasser zum Auffüllen
einen Spritzer Zitronensaft
ein Spritzer Himbeersirup

Zubereitung:

Die Eiswürfel in eine Karaffe füllen.

Schneiden Sie 4 Scheiben von einer Zitrone ab und geben Sie sie dazu.

Dann eine Handvoll Himbeeren dazugeben und mit dem Wasser auffüllen.

Geben Sie einen Spritzer frische Zitrone und etwas Himbeersirup je nach Süße hinzu.

Alles gut verrühren und ein paar Minuten ziehen lassen.

6. Füllen Sie den Cocktail dann in größere Gläser zum Servieren.

APFEL-COCKTAIL MIT CRANBERRYSAFT

Zutaten für 2 Gläser:

50 g frische Himbeeren
75 ml Holunderblütensirup
200 ml Cranberrysaft
250 ml Apfelsaft
ein paar Eiswürfel
1 frische Limette

Zubereitung:

Pürieren Sie die Himbeeren mit einem Stab oder einfach mit einer Gabel.

Den Apfelsaft, den Holunderblütensirup und den Cranberrysaft in einen Shaker gießen. Füllen Sie etwa 1/3 des Himbeerpürees dazu. Nun gründlich für ein paar Sekunden schütteln.

Nun Eiswürfel und das restliche Püree in zwei hohe Gläser geben. Mischen Sie alles mit dem Inhalt des Shakers. Dekorieren Sie die beiden Gläser mit einer Limettenscheibe.

HAPPY-COCKTAIL MIT MARACUJA

Zutaten für 1 Glas:

200 ml kaltes alkoholfreies Bier
100 ml kalter Maracujasaft
1 - 2 TL kalter Zitronensaft oder Limettensaft
etwas Crushed Ice
2 cl Zitronensaft
Grenadine

Zubereitung:

Ein Glas mit dem Bier, dem Maracujasaft und dem Limettensaft füllen. Vermischen Sie alles mit einem Löffel. Geben Sie danach das Crushed Ice hinein.

Lassen Sie etwas Sirup – je nach gewünschter Süße – am Rand in das Glas laufen.

Garnieren Sie den Cocktail mit frischen Zitronenscheiben und servieren Sie den Drink sofort.

RIO-COCKTAIL

Zutaten für 1 Glas:
eine halbe Tasse Orangensaft
eine halbe Tasse Limonade
1 EL Grenadine
3 Scheiben frische Limette
etwas Eis

Zubereitung:
Füllen Sie etwas Eis in Ihr Glas.

Den Orangensaft und die Limonade in einen Shaker füllen. Mixen Sie die Zutaten für etwa 15 Sekunden schön durch.

Zunächst wird das Glas mit Eis mit dem Cocktail aufgegossen.

Dann lassen Sie langsam die Grenadine am Rand des Glases hineinfließen.

Garnieren Sie den Rio-Cocktail noch mit frischen Limettenscheiben und geben Sie nach Belieben noch mehr Eis dazu.

ITALIEN NIGHTS COCKTAIL

Zutaten für 1 Glas:

ein Stück Ingwer
2 cl Holunderblütensirup
10 cl Bitterino
2-3 Eiswürfel

Zubereitung:

Den Ingwer schälen, in Scheiben schneiden und in einem Glas etwas zerdrücken.

Den Holunderblütensirup zum Ingwer ins Glas geben und mit dem Bitterino auffüllen.

Abschließend 2 bis 3 Eiswürfel in den Italien Nights Cocktail zugeben und servieren.

ABENDSONNE

Zutaten für 1 Glas:

4 cl Sahne
2 cl Bananensaft
1 cl Grenadine
Crushed Ice

Zubereitung:

Alle Zutaten im Shaker vermischen.
Cocktail in ein Cocktailglas geben und gleich servieren.

SODA-COCKTAIL FÜR DEN SOMMER

Zutaten für 1 Glas:
Saft einer halben Limette
ein paar Limettenscheiben
etwas Mandelsirup
etwas Grenadinesirup
Mineralwasser zum Auffüllen
1 frischer Zweig Rosmarin
Granatapfelkerne
ein paar große Eiswürfel

Zubereitung:
Den Saft einer halben Limette auspressen.

Den Rest der Limette in feine Scheiben schneiden.

Bereiten Sie nun ein Glas mit ein paar großen Eiswürfeln vor.

Den Limettensaft hineingeben und einen Zweig Rosmarin hineinstecken.

Die Granatapfelkerne in das Glas geben und alles mit genügend kaltem Mineralwasser aufgießen.

Fügen Sie Sirup nach gewünschter Süße hinzu.

Abschließend wird das erfrischende Getränk noch mit frischen Limettenscheiben verziert.

COCKTAIL MIT LIMETTE

Zutaten für 1 Glas:
10 - 12 frische Minzblätter
Saft von einer Limette
1 EL Zucker
12 cl kaltes Mineralwasser
1 frische Scheibe Zitrone oder Limette

Zubereitung:
Schneiden eine oder mehrere Scheiben einer Limette ab und füllen Sie diese in ein Glas.

Frische Blätter der Minze hinzugeben und mit den Limettenscheiben ein wenig zerdrücken.

Den Saft der Limette auspressen und hinzufügen.

Den Zucker dazugeben – nach Belieben auch etwas mehr.

Füllen Sie das Getränk mit Mineralwasser auf und genießen Sie es sofort.

MANGO LASSI COCKTAIL

Zutaten für 1 Glas:
250 g Naturjoghurt (1,5 % Fett)
150 ml Milch
1 reife Mango
1 TL Zitronensaft
1 TL Rosenwasser
nach Belieben etwas Zucker
etwas Eis nach Wunsch
1 Zweig frische Minze für die Dekoration

Zubereitung:
Die Mango schälen und in kleine Würfel schneiden.

Anschließend werden die kleinen Würfel in einen Mixer gegeben.

Die anderen Zutaten dazugeben und alles sehr fein mixen.

Nach Wunsch nun etwas Eis in das Glas geben und den Cocktail dazugeben. Nach Belieben mit etwas frischer Minze garnieren.

BLUE SPIRIT COCKTAIL

Zutaten für 1 Glas:

2 cl Curacao Blue Sirup alkoholfrei
10 cl Orangensaft
6 cl Bananensaft
2 cl Sahne
2 cl Kokossirup
3-4 Eiswürfel
Kokosraspeln
ein Zitronenviertel

Zubereitung:

Alle flüssigen Zutaten in einen Shaker geben und alles kräftig durchschütteln.

Das Cocktailglas mit der offenen Seite nach unten, in einem leicht eingeschnittenen Zitronenviertel drehen.

Kokosraspeln in eine Schale geben und die Öffnung des Glases in die Kokosraspeln tupfen.

Eiswürfel nun ebenfalls in das Glas geben und den Drink in das Cocktailglas abseihen.

ERDBEER DAIQUIRI COCKTAIL

Zutaten für 2 Gläser:
100 g frische Erdbeeren
1 EL Puderzucker
25 ml Limettensaft
4 g Vanillezucker
5-6 Eiswürfel
2 Erdbeeren für die Dekoration.

Zubereitung:
Erdbeeren putzen und halbieren.

Alle Zutaten in einem Standmixer geben und gut vermixen-

In zwei Gläser füllen und mit einer Erdbeere, am Rand des Glases, dekoriert servieren.

PINK BLUEBERRY LEMONADE COCKTAIL

Zutaten für 1 große Kanne:
1 Tasse Wasser
1 Tasse Zucker
1 Tasse Zitronensaft
1 Tasse Blaubeersaft
2 TL Abrieb einer unbehandelten Zitrone
8 Tassen Crushed Ice
mehrere Scheiben Zitrone

Zubereitung:
Alle Zutaten, bis auf die Zitronenscheiben, in einen Shaker geben.

Alles kräftig für mehrere Sekunden schütteln.

Das Getränk in eine große Kanne oder in ein anderes Gefäß schütten und verteilen Sie ein paar Zitronenscheiben darin.

Crushed Ice nach Belieben hinzugeben

Servieren Sie den leckeren Drink sofort.

HIMBEER-COCKTAIL MIT ORANGENBLÜTEN

Zutaten für 2 Gläser:
200 g Himbeeren
1 frische Limette
70 cl Wasser mit oder ohne Kohlensäure
100 g Rohrzucker
ein paar frische Minzblätter
1 TL Orangenblütenwasser

Zubereitung:
Die Limette in kleine Stücke schneiden und in einen Behälter geben.

Himbeeren zugeben und miteinander ein wenig zerdrücken, so dass Saft austritt.

Rohrzucker und die frischen Minzblätter zugeben.

Alles mit kaltem Mineralwasser auffüllen und noch 1 TL Orangenblütenwasser dazugeben.

Alles noch einmal verrühren und das erfrischende Getränk servieren.

VIRGIN MANGO COLADA

Zutaten für 1 Glas:

200 ml fettarme Kokosmilch
150 ml Wasser
300 g gefrorene Mangowürfel
2 gelbe Pfirsiche
1 TL Kurkuma
1 kleines Stückchen Ingwer
1 Prise Cayennepfeffer
Saft einer Orange
1 TL Ahornsirup

Zubereitung:

Zuerst die Pfirsiche und den Ingwer schälen.

Die Mango, die Pfirsiche, den Ingwer und alle anderen Zutaten in einen Standmixer geben und pürieren Sie alles cremig.

Den Rand eines Glases in Wasser tauchen und anschließend in eine Schüssel mit Kokosraspeln stecken. Dadurch entsteht ein schöner weißer Kokosrand am Glas.

Das Getränk in das Glas füllen und mit etwas Mango verzieren.

ZUCKERFREIER BEEREN-COCKTAIL MIT WASSERMELONE

Zutaten für 2 Gläser:
50 g Himbeeren
100 g Erdbeeren
300 g Wassermelone
1 halbe unbehandelte Limette
1 Handvoll Eiswürfel
200 ml kaltes Mineralwasser
1 Handvoll frische Zitronenmelisse

Zubereitung:
Die Himbeeren und die Erdbeeren pürieren und durch ein Sieb streichen, damit die Kerne entfernt werden.

Die Wassermelone kleing schneiden und zum Beeren-Püree hinzugegeben.

Die Limette ausdrücken und alles nochmals ordentlich pürieren.

Bis es serviert wird, in den Kühlschrank stellen.

Beim Servieren jedes Glas 1/3 mit der Mischung füllen.

Mineralwasser und ein paar Eiswürfel hineingeben.

Die Gläser können nach Belieben mit frischen Beeren und etwas Melisse angerichtet werden. Eine Erdbeere wird auf den Rand gesteckt.

CRODINO INGWER TONIC

Zutaten für 1 Glas:

4 cl Ingwersirup
2 cl frischer Limettensaft
100 ml Orangensaft
100 ml Crodino
100 ml Tonic Water
2 Zweige frische Minze
2 Limettenscheiben zum Garnieren
etwas Crushed Ice

Zubereitung:

Den Ingwersirup, den Limettensaft und den Orangensaft in einen Shaker geben und gut vermischen.

Den Crodino hinzufügen und einmal kurz umrühren.

Zwei große Gläser mit Crushed Ice füllen und die Mischung auf die Gläser aufteilen.

Beide Gläser mit je 50 ml Tonic Water aufgießen und kurz umrühren.

Mit einem Zweig frischer Minze und einer Limettenscheibe garniert servieren.

Backen

GIN FIZZ GLASUR

Die Gin Fizz Glasur können Sie für jeden beliebigen Kuchen oder für etwaige Gebäck Sorten verwenden.

Zutaten:

1 Zitrone

1-2 cl Gin

100-125 Gramm Puderzucker

Zubereitung:

1. Pressen Sie die Zitrone aus, um den Saft zu erhalten. Versuchen Sie so wenig Fruchtstücke wie möglich zu haben. Sieben Sie den Saft am besten noch durch.

2. Geben Sie den Zitronensaft, den Gin und den Puderzucker zusammen und rühren Sie es so lange, bis die Glasur glatt erscheint.

3. Nun können Sie die Glasur auf Ihrem Wunschkuchen verteilen und fest werden lassen.

Hinweis:

Am besten eignet sich ein Zitronenkuchen, da die Gin Fizz Glasur mit Zitronensaft zubereitet wird. Generell können Sie jedoch alles Backen und damit glasieren.

GIN TONIC MUFFINS

Wie zu Beginn dieses Buches bereits erwähnt, kann man mit Gin mehr machen, als es nur zum Mixen von Cocktails zu nutzen. So zum Beispiel diese köstlichen Gin Tonic Muffins, die sich hervorragend zum Mitbringsel für eine Party eignen.

Zutaten für den Teig:

220 Gramm Mehl

3 TL Backpulver

200 Gramm Zucker

1 Päckchen Vanillezucker

80 Gramm Sauerrahm

100 ml Gin

20 ml Limettensaft (vorzugsweise frisch gepresst)

125 Gramm Butter

3 Eier

Salz

Zubereitung der Muffins:

1. Lassen Sie die Butter ein wenig aufwärmen und auch die Eier sollten nicht frisch aus dem Kühlschrank kommen (natürlich sollten sie frisch sein, jedoch nicht kalt). Vermischen Sie beides in einer Schale.

2. Im nächsten Schritt fügen Sie das Mehl, das Backpulver und etwas Salz in die Buttermasse und verrühren alles ordentlich.

3. Danach folgen Sauerrahm, Gin und der Limettensaft.

4. Wie beim Backen von normalen Muffins, sollte der Teig schön leicht zum Rühren sein, bis Sie ihn in die Muffin-Formen geben. Heizen Sie während des Rührens den Backofen schon mal auf 180 Grad Umluft vor.

5. Ist der Teig fertig, kommen die Muffins für ungefähr 15 Minuten in den Ofen. Da jeder Backofen anders ist, trotz eingestellter Hitze, sollten Sie nach zehn Minuten immer mal wieder kontrollieren, ob die Muffins bereits durch sind.

6. Nach der Zeit im Ofen können Sie die Muffins herausnehmen und diese abkühlen lassen. Sollten Sie Muffins gerne so verzehren, können Sie dies tun. Sonst lesen Sie für den Guss gerne weiter.

Auch der Guss dieser Muffins wird mit Gin hergestellt.

Zutaten für den Guss:

200 Gramm Puderzucker

Limettensaft (vorzugsweise frisch gepresst)

Gin

Hinweis:

Für den Limettensaft und den Gin gibt es keine Mengenangaben, da Sie dies am besten von Ihrem eignen Geschmack und von der Konsistenz des Gusses abhängig machen.

Zubereitung des Gusses:

1. Zunächst sieben den Puderzucker, damit die Masse nicht klumpt.

2. Anschließend, wenn der Puderzucker in eine Schüssel gesiebt wurde, fügen Sie vorsichtig den Limettensaft und den Gin hinzu.

3. Sie sollten die Mischung immer wieder probieren, um sicherzugehen, dass es Ihnen auch schmeckt. Ist der Guss zu stark, können Sie Puderzucker und Limettensaft immer ergänzen. Auch die Zugabe von Gin ist weiterhin möglich.

4. Ist der Guss nach Ihrem Geschmack, werden die Muffins nun mit diesem bestrichen.

GIN TONIC TIRAMISU

Mit Gin lässt sich auch ein hervorragendes Tiramisu zaubern. Hierfür gibt es so ziemlich alle Arten von Rezepten, die man sich vorstellen kann. So eben auch mit Gin.

Zutaten:

2 cl Gin

2 cl Tonic Water

100 Gramm Crème fraiche

50 Gramm natur Joghurt

80 ml Sahne

100 Gramm Frischkäse

125 Gramm Löffelbiskuits

1 Limette (wahlweise 1 Zitrone)

Puderzucker

Hinweis:

Sollten Sie bereits ein eigenes Lieblingsrezept eines Tiramisus haben, können Sie dies natürlich auch einfach abwandeln und die dazugehörigen Zutaten kaufen.

Zubereitung:

1. Im ersten Schritt kümmern Sie sich um die Zitrusfrucht. Diese wird gewaschen, dann muss die Schale (etwa von der Hälfte der Frucht) abgerieben werden. Von dieser Hälfte nehmen Sie auch den Saft. Die andere Hälfte schneiden Sie in dünne Scheiben.

2. Dann müssen Sie die Sahne steif schlagen.

3. Nun geben Sie alle Zutaten zusammen. Zunächst den Frischkäse, die Crème fraiche, den Joghurt, den Puderzucker und die Limettenschalen und etwas Fruchtsaft verrühren.

4. Dazu geben Sie dann Gin und Tonic Wate und heben die Sahne vorsichtig unter.

5. Gen Ende werden die Löffelbiskuits mit dem restlichen Fruchtsaft beträufelt. Sollte der Saft der kleinen Frucht nicht reichen, können Sie noch eine weitere Frucht pressen.

6. Sind die Kekse feucht, legen Sie sie in eine Auflaufform und verteilen das Gemisch mit Gin darüber. Es gibt zwei Schichten, achten Sie also darauf, dass Sie genug Biskuits und Creme dafür haben.

7. Am Ende wird das Tiramisu mit den restlichen Schalen und einigen Fruchtscheiben garniert.

8. Vor dem Essen kaltstellen und genießen.

GIN TONIC KEKSE

Wie Sie sehen, kann man mit Gin eine ganze Menge zubereiten. So auch Gin Tonic Kekse, die für einen herrlichen Weibernachmittag oder sogar einen Männerabend bestens geeignet sind. Sogar als Knabbereien für einen romantischen Abend können sie dienen.

Zutaten:

7 cl Gin

3 Limetten

400 Gramm Mehl

300 Gramm Zucker

2 Eier

250 Gramm Butter

200 ml Tonic Water

125 Gramm Puderzucker

Salz

Zubereitung:

1. Zunächst müssen Sie den Teig vorbereiten. Dazu nehmen Sie Mehl, 200 Gramm Zucker, die Eigelbe der Eier, Salz und die Butter und kneten alles zusammen, bis der Teig schön weich ist.

2. Im nächsten Schritt bereiten Sie die Limetten vor. Hierzu reiben Sie die Schalen der Früchte ab und fügen diese dem Teig zu.

3. Dann heißt es erst mal warten, da der Teig ruhen muss. Hierzu können Sie ihn in Frischhaltefolie einwickeln oder in ein (sauberes) Geschirrtuch, was Sie vorab ein wenig befeuchten. Achten Sie darauf, dass der Teig kalt steht. Der Kühlschrank ist im Sommer die bessere Wahl, im Winter dient auch der Balkon oder Garten.

4. Nach etwa einer halben Stunde können Sie den Backofen erhitzen und ihn auf 180 Grad Umluft einstellen. Außerdem brauchen Sie entweder Backpapier für das Backblech oder Sie nutzen eine wiederverwendbare Unterlage, zum Beispiel aus Silikon.

5. Während der Backofen sich nun erwärmt, können Sie alles weitere für die Kekse vorbereiten. Setzen Sie einen Topf mit dem Tonic Water auf und geben Sie den Rest Zucker hinzu. Schneiden Sie den Rest der Limetten in feine Scheiben, während Sie das Gemisch im Topf nach 3 Minuten Kochzeit, ziehen lassen.

6. Nun können Sie die Plätzchen ausstechen. Verteilen Sie auf der Arbeitsfläche großzügig etwas Mehl, sodass Sie den Teig dort ausrollen können und stechen Sie mit Ihrer Lieblingsform die Kekse aus. Auf jeden Keks kommt nun eine Limettenscheibe.

7. Ist dieser Schritt erledigt, kommen die Kekse zunächst für eine viertel Stunde in den Ofen. In dieser Zeit können Sie den Inhalt des Topfes mit Gin mischen und gut verrühren.

8. Nach einer viertel Stunde sollten Sie die Kekse herausnehmen und mit der Mischung nach Geschmack beträufeln.

Hinweis:

Sie können die Plätzchen danach noch im Ofen lassen, bedenken Sie aber, dass der Alkohol bei Hitze verfliegt. Warten Sie lieber etwas länger, bis die Kekse fertig sind bzw. die Farbe haben, wie Sie es bevorzugen.

Variante:

Ist Ihnen der Gin Geschmack auf der Glasur nicht ausreichend, können Sie etwas Gin in den Teig mit hineingeben. Hierzu verwenden Sie am besten zunächst nur Tropfen und gleichen die Flüssigkeit mit etwas Mehl aus.

GIN TONIC KUCHEN (OHNE GLASUR)

Ich hatte Ihnen bereits die Möglichkeit eine Gin Fizz Glasur genannt. Nun folgt ein Rezept für einen Gin Tonic Kuchen. Natürlich können Sie diesen mit der Glasur kombinieren, achten Sie nur darauf, dass Gin Fizz und Gin Tonic, wie ja bereits bekannt, nicht das Gleiche ist.

Zutaten für den Kuchen (ohne Glasur):

250 Gramm Butter

5 Eier

Salz

350 Gramm Mehl (vorzugsweise Weizen Mehl)

1 Packung Backpulver

2 Limetten

4-5 cl Gin

100 ml Milch

Zubereitung:

Wer schon einmal einen Kuchen gebacken hat, sollte mit diesem Rezept kein Problem haben. Doch keine Sorge, auch für Anfänger ist es nicht zu schwer.

1. Bevor Sie anfangen, den Teig zu mischen, heizen Sie den Backofen schon mal auf 1750 – 180 Grad Umluft vor. Außerdem können Sie die Kastenform bereits einfetten und mit Mehl bestreuen, damit der Kuchen nach dem Backen einfach aus der Form zu holen ist.

2. Kommen wir zum Teig. Geben Sie hierzu die Butter in eine Schüssel und rühren diese vorab zart und cremig.

3. Dann folgen die Eier, etwas Salz, Mehl und das Backpulver.

4. Reiben Sie die Schalen der Limetten ab und geben Sie dies mit in den Mix in der Schüssel. Auch der Saft der Früchte kommt hinzu.

5. Am Schluss fügen Sie die Milch hinzu und natürlich den Gin.

6. Verrühren Sie noch einmal alles und verteilen den Teig anschließend in die Kuchenform.

7. Je nach Backofen wird der Kuchen nun ca. eine Stunde gebacken.

8. Abkühlen lassen und genießen.

GIN TONIC EIS

Frei nach dem Motto „Back dir ein Eis" gibt es tatsächlich auch ein Rezept für ein Gin Tonic Eis. Es ist gar nicht so überraschend, wenn man an die Einfachheit dahinter denkt.

Zutaten:

60 ml Gin

240 ml Tonic Water

25 Gramm Puderzucker

30 ml Limettensaft (vorzugsweise frisch gepresst)

Limetten

Eisform (vorzugsweise Eis am Stiel)

Zubereitung:

1. Zunächst muss die Kohlensäure aus dem Tonic Water komplett verschwinden. Öffnen Sie die Flasche also einige Stunden vor der Zubereitung.

Hinweis:

Sollte es schnell gehen müssen, haben Sie zwei Möglichkeiten: Schütten Sie die Flüssigkeit in mehrere Gläser und rühren Sie sie mit Löffel um. Oder schütteln Sie Flasche kräftig und immer mal wieder. Drehen Sie den Deckel vorsichtig (!) und nur ein kleines Stück auf, sodass die Kohlensäure entwichen kann. Wiederholen Sie diesen Vorgang einige Male.

2. Schneiden Sie die Limetten in feine Scheiben. Wahlweise können Sie die Schale auch vorab entfernen.

3. Mischen Sie den Gin, das Tonic Water, den Limettensaft und den Puderzucker zusammen und verteilen diese Mischung auf ihre Eisformen.

4. Haben Sie alle verteilt, können Sie die Limettenscheiben hinzugeben. Dann schon kommt Ihr Eis in das Tiefkühlfach.

5. Nach einer Stunde sollten Sie die Stiele in die Form einführen, damit dieser nicht am Rand des Eis` sitzt und Sie ohne Probleme davon essen können.

6. Nun müssen Sie sich gedulden, bis das Eis gefroren ist.

Kochen

STACHELBEER MARMELADE MIT GIN TONIC

Ein weiteres Marmeladen Rezept dient ebenfalls nur als Beispiel dafür, was Sie alles mit dem Frühstücksaufstrich und Gin zaubern können.

Zutaten:

5 cl Gin

900 Gramm Stachelbeeren

350 Tonic Water

500 Gramm Gelierzucker

Zitronensaft aus zwei frisch gepressten Zitronen

Zubereitung:

1. Waschen Sie die Stachelbeeren ab und geben Sie in einen großen Topf.

2. Geben Sie den Gelierzucker hinzu.

3. Pürieren Sie diese Mischung.

4. Fügen Sie dann das Tonic Water und den Zitronensaft hinzu und lassen alles aufkochen.

5. 4 Minuten kräftig kochen lassen.

6. Stellen Sie die Wärme am Herd aus und geben Sie den Gin hinzu.

7. Sobald das Gemisch ein wenig abgekühlt ist, füllen Sie die Konfitüre in Gläser und lassen diese verschlossen vollständig abkühlen.

Hinweis:

Wie Sie sicher merken, unterscheidet sich dieses Rezept vor allem in der Zubereitung kaum von der Konfitüre. Es sind vor allem die Mengen der Zutaten, die den Unterschied machen. Auch in diesem Rezept können Sie die Beeren variieren.

PENNE MIT GIN

Wie Sie bereits im Kapitel „Backen" gesehen haben, kann der Gin vielfältig verwendet werden. Wenn Sie nicht auf Süßes stehen, habe ich nun für Sie einige Nudel Rezepte.

Zutaten für 2 Personen:

250 Gramm Penne

100 ml Gin

1 Dose kleingestückelte Tomaten

1 EL Tomatenpüree

1 Zwiebel

80 Gramm Speckwürfel

Bouillon

Salz

Pfeffer

Parmesan

Zubereitung:

1. Wir beginnen mit der Sauce, da diese länger braucht als die Nudeln. Zu Beginn müssen Sie die Speckwürfel anbraten. Dies machen Sie in dem eigenen Saft und geben noch die Zwiebel (so klein wie möglich schneiden) hinzu.

2. Wenn die Speckwürfel ihre Farbe von allen Seiten verändern, kommt das Tomatenpüree hinzu. Zum Ablöschen geben Sie die Dosentomaten hinzu und lassen das Gemisch mit Bouillon (nicht zu viel, dennoch nach Geschmack) köcheln.

3. In dieser Zeit können Sie Nudeln aufsetzen.

4. Während das Nudelwasser zu kochen beginnt, geben Sie den Gin in die Sauce. Dort muss er etwa 10 Minuten kochen, sodass der Großteil des Alkohols verdampft.

5. Wenn die Nudeln kochen, schmecken Sie die Sauce ab und würzen diese mit Salz und Pfeffer. Vom Herd nehmen und die Nudeln nun fertigkochen.

6. Nudeln mit Sauce und Parmesan servieren.

SOMMERPASTA MIT GIN

Auch für die warmen Tage, an denen man nicht einmal ans Kochen denken kann, gibt es ein leckeres Paste Rezept.

Zutaten für 2 Personen:

250 Gramm Pasta

100 Gramm Tomatenmark

1 Zitrone

1 Schalotte

1 Knoblauch

80 ml Gin

1 TL Chiliflocken

100 ml Sahne

15 Gramm Butter

Olivenöl

Parmesan

Salz

Pfeffer

Basilikumblätter

Zubereitung:

1. Als erstes werden die Nudeln nach Anleitung auf der Packung aufgesetzt.

2. Während das Wasser zu köcheln beginnt, wird die Zitrone halbiert. Eine Hälfte wird in die Pfanne gelegt, mit der aufgeschnittenen Seite nach unten und angebraten. Sobald sie karamellisiert ist, zur Seite legen.

3. Beobachten Sie immer das Nudelwasser. Dabei nun die Schalotte kleinschneiden.

4. Die Schalottenstücke anbraten bis sie glasig sind und Knoblauch und Chiliflocken hinzugeben.

5. Dann Tomatenmark in die Pfanne hinzugeben und alles köcheln lassen, bis die Sause schön rot ist. Abgelöscht wird Sauce nun mit Gin.

6. Achten Sie weiterhin auf die Nudeln und fügen Sie nun die Sahne in die Pfanne hinzu.

7. Nachdem alles etwas geköchelt hat, schmecken Sie es mit Salz und Pfeffer ab und geben letztendlich noch die Butter hinein.

8. Vom Nudelwasser ein wenig in die Sauce geben, wenn die Nudeln fertiggekocht sind.

9. Die Nudeln abtropfen und schnell in die Pfanne geben, die Sie nun nicht weiter erhitzen.

10. Hinzu kommt nun der Saft der Zitrone, die Sie zu Beginn in der Pfanne liegen hatten, wie auch Parmesan.

11. Ziehen und abkühlen lassen.

12. Vor dem Servieren noch einmal abschmecken, eventuell Salz und Pfeffer hinzugeben.

13. Parmesan Stücke und Basilikumblätter zum Verzehr mit anbieten.

KRÄUTERBUTTER MIT GIN

Man kann mit Gin nicht nur herrliche Gerichte zaubern, sondern auch und vor allem Saucen, Butter oder Marmelade damit herstellen. So eben auch eine Kräuterbutter, die Sie lieben werden.

Zutaten:

60 ml Gin

1 Gurke

400 Gramm Butter

1 Bund Schnittlauch

Nach Wunsch noch frische Petersilie

Zubereitung:

1. Zuerst muss die Gurke gewaschen und dann in kleine Würfel geschnitten werden. Alternativ können Sie die Gurke auch reiben.

2. Die Gurkenstückchen werden nun im Gin eingelegt und müssen etwa 10 Minuten ziehen.

3. Währenddessen können Sie bereits den Schnittlauch und wahlweise auch die Petersilie klein schneiden.

4. Wenn noch keine 10 Minuten vergangen sein sollten, können Sie die Butter schon mal in einer Pfanne erwärmen. Achten Sie darauf, dass nichts anbrennt.

5. Geben Sie die Kräuter und die Gurke hinzu und die Wärme am Herd ausstellen, während Sie alles verrühren.

6. Würzen und auskühlen lassen.

7. Anschließend richtig kaltstellen und zum Abendessen servieren.

GIN BBQ SAUCE

Für einen gemütlichen Grillabend und einer exotischen Sauce für das nächste Steak, ist dieses Rezept genau das Richtige.

Zutaten:

150 ml Gin

200 Gramm Tomatenmark

150 ml Wasser

1 Schalotte

2 Knoblauchzehen

8 Chilischoten

4 EL Honig

Zubereitung:

Trotz der vielen Zutaten ist die Zubereitung ganz einfach und auch für Anfänger leicht umzusetzen.

1. Stellen Sie einen Topf auf eine Herdplatte und stellen Sie diese auf die höchste Stufe.

2. Während die Platte sich erhitzt, geben Sie alle Zutaten in den Topf. Das Gemüse sollten Sie vorab grob verkleinern.

3. Sobald die Mischung kocht, rühren Sie es immer mal wieder um und lassen es zehn Minuten köcheln.

4. Am Ende, wenn es ein wenig abgekühlt ist, geben Sie das Gemisch in einen Mixer, um die groben Gemüsestücke kleinzuhacken.

5. In ein Behältnis abfüllen, verschließen und bis zum Grillen abkühlen lassen.

KONFITÜRE MIT GIN

Auch beim Frühstück muss der Gin nicht unbedingt fehlen. Es gibt herrliche Rezepte für Konfitüre. Ich stelle Ihnen nachfolgend zwei Beispiele vor.

Beeren Konfitüre mit Gin

Die Beeren Konfitüre mit Gin hat wenig Zutaten ist sehr einfach herzustellen. Sollen Sie noch nie Konfitüre gemacht haben, ist dies ein Rezept, welches Sie ohne Umschweife ausprobieren sollten. Ich stelle Ihnen Brombeer Konfitüre vor, Sie können jedoch Ihre Lieblingsbeeren nutzen.

Zutaten:

5 cl Gin

1 Kilo Brombeeren

1 Kilo Gelierzucker

Zubereitung:

1. Stellen Sie sicher, dass die Beeren frei von Insektenresten sind und auch keine weichen oder verdorbenen Stellen aufweisen.

2. Waschen Sie die Beeren und lassen das Wasser so gut wie möglich vollständig abtropfen.

3. Zerdrücken Sie die Beeren und geben Flüssigkeit wie auch die Stücke in einen großen Topf.

4. Fügen Sie den Gelierzucker hinzu und lassen es unter Rühren köcheln.

5. Für 4 Minuten kräftig kochen lassen.

6. Stellen Sie die Wärme am Herd aus und geben Sie den Gin hinzu.

7. Sobald das Gemisch ein wenig abgekühlt ist, füllen Sie die Konfitüre in Gläser und lassen diese verschlossen vollständig abkühlen.

FRISCHKÄSE MIT GIN

Zum Abschluss der Frühstücksrezepte möchte ich Ihnen noch die einfache Herstellung von Frischkäse mit Gin aufzeigen.

Zutaten:

250 Gramm Frischkäse

3 TL Konfitüre

Wahlweise frische Minze

3 cl Gin

Zubereitung:

Die hier nicht gekocht, sondern mit bestehenden Zutaten gemixt wird, ist die Zubereitung äußerst einfach.

Verrühren Sie einfach alle Zutaten so lange, bis die Masse cremig ist und stellen Sie diese kalt.

Hinweis:

Sollten Sie Minze hinzufügen, muss diese vorab klein geschnitten werden.

SELBSTHERSTELLUNG

Normalerweise wird Gin destilliert, was weder Sie noch ich in den eigenen vier Wänden können. Dennoch können Sie Ihren Gin selbst herstellen, da es eine Sorte gibt, bei dem die Destillation nicht notwendig ist. Zudem sind die notwendigen Dinge entweder alle bereits im Hause oder Sie können sich das nötige Material schnell im nächsten Supermarkt zusammenkaufen.

Anbei finden Sie die Einkaufsliste:

Wacholderbeeren

1 Liter Wodka

1 leere Glasflasche

1 Trichter

1 Sieb

Kaffeefilter

Gewürze

Schon auf dem ersten Blick erkennt man, dass es augenscheinlich gar nicht so schwer sein kann, den eigenen Gin herzustellen.

Schritt für Schritt Anleitung:

1. Der erste Schritt ist ein Kinderspiel. Geben Sie hierzu einfach die Wacholderbeeren und den Wodka zusammen. Nun heißt es warten, damit die Beeren das Aroma abgeben können. Dies dauert etwa einen Tag, in dem Sie die Flasche verschlossen, trocken und lichtgeschützt aufbewahren sollten.

2. Nach dem Sie also einen Tag gewartet haben, kommen nun Gewürze hinzu. Letztendlich können Sie bestimmen, welche Note Ihr Gin erhalten soll. Wollen Sie zunächst mit einer klassischen Variante anfangen, empfehle ich Ihnen Kardamom oder Zitrusschalen. Zudem können Sie

auch die am Anfang erwähnten Botanicals hinzugeben. Nun heißt es wieder warten.

3. Sie haben also bereits zwei Schritte geschafft und schätzungsweise zwei Tage lang mehr gewartet als an Ihrem Gin gearbeitet. Es ist Zeit zu probieren. Nun haben Sie die Chance zu entscheiden, ob Ihnen der Geschmack bereits zusagt, oder ob Sie noch nachwürzen und andere Zutaten hinzufügen wollen. Entscheiden Sie sich für ersteres, geht es mit Schritt 4 weiter. Sollten Sie noch etwas abändern wollen, müssen Sie noch mal etwas warten. Dieses Mal allerdings nicht allzu lange. Probieren Sie zwischenzeitlich immer wieder.

4. Sobald der Gin das gewünschte Aroma hat, müssen Sie filtern. Am besten nutzen Sie hierfür das Sieb, in das sie zwei Kaffeefilter legen. Dort schütten Sie langsam die Mischung hinein und lassen die Tropfen in das gewünscht Gefäß laufen.

5. Ist es endlich geschafft, können Sie zwar nochmal probieren, als fertig gilt Ihr Gin aber noch nicht. Denn er braucht noch ein wenig Zeit zum Ruhen. Gönnen Sie ihm das und lassen den Gin etwa eine Woche Zeit, bevor Sie Ihren eigenen Gin genießen.

Impressum

© Randall Burch

2023

ISBN: 9798372078574

1. Auflage

Kontakt: Markus Mägerle/ Am Kreisgraben 17/ 93104 Riekofen

Printed in Poland
by Amazon Fulfillment
Poland Sp. z o.o., Wrocław